新时代基础设施管理创新与实战丛书

建筑企业 工程建设履约管理

Contract Performance Management of
Construction Enterprises

邓尤东 著

中国建筑工业出版社

图书在版编目（CIP）数据

建筑企业工程建设履约管理 = Contract Performance Management
of Construction Enterprises / 邓尤东著 . —北京：中国建筑工业出版社，
2020.12

（新时代基础设施管理创新与实战丛书）

ISBN 978-7-112-25733-1

Ⅰ.①建…　Ⅱ.①邓…　Ⅲ.①建筑企业—工业企业管理
Ⅳ.①F407.906

中国版本图书馆CIP数据核字（2020）第252038号

本书内容共4篇15章，包括：工程建设组织模式；工程建设管理体制；工程建设问题与挑战；工程管理理念和原则；施工组织策划；施工组织实施；信息化建设；技术管理；进度管理；质量管理；安全文明与职业健康管理；环境管理；收尾管理；企业履约管理实践；项目履约管理实践。

本书适合建筑企业管理者、业务管理者和项目管理者参考使用。

责任编辑：张　磊　范业庶
文字编辑：高　悦
责任校对：赵　菲

新时代基础设施管理创新与实战丛书
建筑企业工程建设履约管理
Contract Performance Management of Construction Enterprises
邓尤东　著
*

中国建筑工业出版社出版、发行（北京海淀三里河路9号）
各地新华书店、建筑书店经销
北京点击世代文化传媒有限公司制版
河北鹏润印刷有限公司印刷
*
开本：787毫米×1092毫米　1/16　印张：16¾　字数：263千字
2020年12月第一版　2020年12月第一次印刷
定价：68.00元
ISBN 978-7-112-25733-1
（36650）

履约管理
Performance Management
前　言

前　言

项目是建筑企业的信誉之窗、效益之源、人才之基。建设工程项目是建筑企业生产要素的结合点，是建筑企业最有说服力的广告，一个好的工程结构物就能为建筑企业树立一座丰碑，全面履约管理是企业稳健发展的前提和基础。建设工程项目也是企业效益的源头；如果项目管不好，不上交货币资金，企业就无法生存，更谈不上发展。建设工程项目更是建筑企业干部成长的土壤，项目干好了，项目领导班子就可能晋升为公司领导，才能肩负起更大的责任，所以项目管理是企业的永恒主题。

目前，国内外工程项目管理组织的模式多种多样，完成一项工程建设任务，参与各方扮演着不同的角色，不同的项目规模、类型、条件适用不同的工程建设组织模式。无论何种组织模式，工程建设核心任务是完成对工程建设目标的控制。可以说，项目管理是建筑企业管理的一个终端表现形式，而履约管理则是实现项目管理的最终目的。

履约是"订单型"企业立足市场的根本，高质量地完成订单任务，是企业实现经济效益和赢得广阔市场的前提。在竞争日趋激烈的建筑业市场，业主对工期、质量、安全、环保等要求越来越高，对建筑企业的履约管理能力提出了更高的要求。履约风险一旦发生，不但严重影响工程项目的经济效益，更对建筑企业的品牌形象造成无可挽回的损失。因此，建筑企业提高履约管理水平、防范履约风险是企业实现可持续发展、推动高质量发展的首要任务。

当前，我国建筑业管理水平仍有较大提升空间，很大程度上仍依赖于高速增长的固定资产投资规模，发展模式粗放，管理手段相对落后。随着劳动力愈趋短缺、全球化趋势导致竞争加剧、信息化技术冲击，我国建筑业发展面临着前所未有的机遇和挑战。一方面体现在市场竞争压力越来越大，另一方面建设工程履约管理压力越来越大。全面履约的主要问题表现在五个方面：工期问题、质量问题、安全问题、效益问题、环境保护问题。

如何从根本上解决建筑企业建设工程项目的全面履约问题？

首先，要树立先进的管理理念和管理原则。先进的管理理念和原则对履约管理将起到较强的指导和支撑作用。

一是履约为先、经济结束的理念。

项目的胜负取决于工期，工期就是效益。做到不赶工、不抢工，避免"添油战术"和"突击战"，以速度取胜摊薄固定成本，取得最大效益，赢得信誉，实现社会效益、经济效益双丰收。

二是策划先行、未战先胜的理念。

坚持项目分级管控，主要有四个分级：项目策划分级实施、安全风险分级管控、项目履约分级督导、工程质量分级监管。

三是技术引领、资源要素一次配置到位的理念。

技术管理是项目管理的灵魂，项目管理以技术为先并贯穿于工程项目全过程。技术管理中最重要的内容为方案策划，通过方案策划，明确各工序施工方法、各阶段管理目标、资源组织及解决问题的措施，使得项目管理各项业务有规可循、有据可依。资源一次配置到位，杜绝"添油战术"。

四是接口管控、均衡施工的理念。

工程项目接口管理体现在各管理环节之间接口较多，如纵向管理中的设计与采购、设计与施工、设计与试运行、采购与施工等之间的工作接口。同一环节的接口也增多，如总包设计与分包设计的接口、施工总包与分包的接口、机电专业各设备间的接口。各专业间的接口增多，如土建与机电、机电与装修等。

组织管理中的场地接口、时间接口等诸多内容，工程总承包的管理过程其实主要就是大量接口管理的过程，就是不断协调的过程，只有充分识别接口和界面关系，明确界面标准，统筹部署，做好对接，项目管理才能有序推进，否则容易出现相互掣肘、延误、返工等情况，影响项目履约和收益。接口管理的好坏直接体现项目的管理水平。

五是快速施工、大成本管理的理念。

超前谋划，未战先胜。均衡生产，树立品牌，不应计较小投入，要先干后算，一次性投入到位。在成本管理中，不能一味地只注重单项成本的降低，只实现了成本的最小化。如果只注重小成本的控制，重大节点受到影响，造成抢工而增加投入，损失的是小成本，但影响企业的社会信誉和最终效益。在项目管理过程中，要有"大成本"意识，树立系统管理观念，不应只局限于成本本身，要延长企业的整个价值链，站在区域发展和项目总成本的高度，综合考虑项目成本与品牌价值的关系、资源配置成本与工期成本的关系，在"全员成本、总体成本"意识主导下进行成本管控，通过及时采取最小化的成本投入，实现效益最大化，管理者必须树立最科学的管理方法。

其次，必须做到卓有成效的履约管理。卓有成效是管理者的职责所在，管理者做到卓有成效的管理，则整个组织的绩效水平才能提高，干部队伍的综合能力也将随之提升。

最后，管理者必须做到正确的决策。决策是一种判断，是若干项方案中的选择，一个正确的决策可能为企业创造较好的效益，一个错误的决策，可能贻害若干年，一些决策失误是没有办法扭转的。所谓正确的决策，首先要明白大势，了解实情，了解问题的根本之所在。决策必须有很强的针对性，要明白问题是什么，根源在哪，怎么样对症下药，这就是决策的一个重要原则。其次，要抓源头、抓根本、抓主要矛盾，而不是头痛医头、脚痛医脚，治标不治本，最终问题就积重难返。问题分析清楚以后，要先下猛药，再吃补药。有些问题解决起来非常复杂，但一定要想办法，弄清复杂在什么地方，把复杂的问题加以简化，然后再对症下药，先治病后强身。

一个建筑企业要健康发展，必须建立生产履约预警和管理机制。事情的发生不是偶然的，是长期积累、集中爆发，履约危机是长期酿成的，履约危机可以应对，履约危机也是可以避免的，措施得当可转化履约危机，生产履约是需要有效的管理。

项目全面履约管理是企业稳健发展的基础，企业履约能力提升是一个永恒的课题。一个优秀的建筑企业要健康发展，就必须建立有效的生产履约管理机制，应对日趋激烈的市场竞争。一个优秀的建筑企业管理者不仅要在新时期顺应项目管理模式变化进行项目履约管理变革，更要驾驭项目履约管理形势的变革。只有在变革中，工程建设履约管理能力才能不断提升，建筑企业才能长足发展。同时，建筑企业已迈入数字化管理时代，在企业未来工程建设履约管理模式上将是一场革命。笔者怀着对基础设施业务的热爱将自身在工程建设项目履约管理和项目生产管理实践中的思考、从业心得与经验、基础设施项目管理研究等汇入此书，希望为管理者在工程建设履约方面提供一些参考，助推建筑行业履约管理能力提升，为建筑企业项目管理变革贡献一点力量。

邓尤东

2020 年 10 月

目　录

03

理念原则

问题与挑战

工程建设问题与挑战 24

当前，我国建筑业发展水平仍不高，发展模式粗放，管理手段落后，在工期、质量、劳务管理等方面存在一定的问题。随着全球化趋势导致竞争加剧、"新基建"异军突起、信息化技术冲击等，我国建筑业发展面临着前所未有的机遇和挑战。

第二篇　工程履约预控管理

04

理念原则

工程管理理念和原则 32

履约管理是建筑企业项目管理的首要任务，先进的管理理念和原则对履约管理将起到较强的指导和支撑作用。通过大量项目管理实践经验，总结了五大管理理念和四大管理原则，为今后项目管理提供参考借鉴。

目 录

05 策划
施工组织策划

项目施工组织策划是由企业层面组织实施，指在施工前针对项目施工及管理所进行的预先谋划，旨在厘清项目管理方针、管理路径，实现项目管理目标。做好项目施工组织策划并有效实施，既是项目履约的重要保证，同时也是提升企业盈利水平的有效途径。

06 实施
施工组织实施

项目实施阶段，项目经理部应根据企业策划要求，组织相关资源开展施工生产活动。履约管理应以工期节点管控为主线，以履约问题解决为导向，以资源要素配置为抓手，以管理责任的界定和划分为根本，实现社会效益、经济效益的最大化。

第三篇　工程履约基础管理

07 信息化
信息化建设　　　　　　　　　　　　　　　　　　84

　　建筑行业在高质量发展的大背景下，信息化管理和数字化转型是大趋势，通过信息化的手段与传统的管理融合渗透，不断完善，促进企业管理体系不断优化，管理能力不断提升，核心竞争力不断增强。

08 技术
技术管理　　　　　　　　　　　　　　　　　　　96

　　技术管理是项目管理的灵魂，应做到技术为先并贯穿于工程项目实施的全过程和各个环节。技术管理工作的主要任务是运用管理职能与科学的方法，促进技术工作的开展，在施工中不断优化方案，以达到高质量完成施工任务的目的，从而使技术与经济、质量、安全等工作达到辩证统一。

目 录

09 进度
进度管理

根据合同工期，按照项目策划要求，对工期进度目标进行管理，通过对前期征拆协调、过程资源组织、施工接口管理等关键环节进行重点管控，以信息化管理手段，及时对关键节点进行预控，最终实现工期履约目标。

10 质量
质量管理

百年大计，质量为本，工程质量是企业的生命。质量管理是一项系统工程，必须运用一整套质量管理体系、手段和方法进行系统管理，尤其在施工过程的质量检查-整改-销号环节中，通过有效运用信息化管理方法，可大幅提升质量管理效率。

11 安全

施工安全是工程项目管理工作的重要基础，保证施工过程中人、物的安全，是保证工程进度和工程质量不可或缺的关键环节。遏制和消除安全隐患是杜绝安全事故的根本，通过信息化技术实现安全隐患排查 - 整改 - 销号闭环管理，是提升安全风险管控的有效手段。

12 环境

近年来，国家越来越重视环境保护工作，建筑施工企业施工现场必须通过建立健全环境管理体系，有效规范施工生产行为，借助环境监控设备以及信息化管理等手段，实现环保绿色施工。

13 收尾

收尾管理　　　208

项目收尾管理是项目管理过程的最后阶段，由于项目收尾事务繁琐，费力、费时，收尾工作很容易被忽视，但收尾工作非常重要，最能体现企业和个人的综合管理能力。

第四篇　工程履约实战案例

14 探索

企业履约管理实践　　　214

本案例介绍了中国建筑五局站在"新常态""供给侧结构改革"的风口上，积极向基础设施业务领域转型升级，推动企业的持续快速健康发展。坚持"现场支撑市场,品质赢得业主,信誉拓展市场"的理念，在基础设施业务领域，一大批"高、大、精、尖"项目的优质履约，带动市场规模的蓬勃发展。特别是在施工总承包管理体系建设，项目管理的四个分级管控以及项目智慧工地建造管理上，为企业优质履约提供借鉴经验。

15 案例

本案例介绍长沙地铁5号线工程,该工程采用"施工总承包"模式组织建设施工,项目施工推进施工总承包"1239"卓越管理体系,实现项目均衡施工、完美履约,取得了地铁品牌实践经验,值得借鉴推广。

工程履约

Contract Performance Management
of Construction Enterprises

第一篇

工程建设管理概论

01

模式

工程建设组织模式

完成一项工程建设任务，参建各方扮演着不同的角色，不同的项目规模、类型、条件应选择不同的工程建设组织模式。无论何种组织模式，其核心任务是完成工程建设并实现预期目标，通过合理选择工程建设组织模式，健全管理体系，对企业发展具有重要意义。

工程建设管理的起源与发展

工程建设管理主要内容

工程建设组织模式

工程履约

Contract Performance Management
of Construction Enterprises

工程建设管理的起源与发展

　　有工程建设，就存在工程建设管理问题。中国的长城和埃及的金字塔是远在公元前的大型工程，均有大臣专门负责建设，征调了大批的奴隶、百姓、军人，通过复杂的系统组织才得以完成的世界奇迹，虽然其建设管理经验缺乏系统性的总结文献，但毫无疑问是存在工程建设管理的。直到 20 世纪初，工程建设管理依然没有形成系统理论，没有科学的管理手段，没有明确的操作技术标准。因而，在近代以前，对项目的管理还只是凭个人的经验和智慧，依靠个人的才能和天赋，根本谈不上科学性。

　　工程建设管理是 20 世纪 50 年代后期发展起来的一种计划管理方法，是指工程项目的管理者，在有限的资源约束下，将各种系统、资源和人员有效地结合在一起，采用规范化的管理流程，在规定的时间、预算和质量目标范围内，从项目投资决策开始到项目结束的全过程，进行计划、组织、指挥、协调、控制和评价，最终实现工程建设的目标。

1. 国外工程建设管理的起源与发展

　　1939 年第二次世界大战爆发，日趋残酷的战争需要新式飞机、军舰、坦克、雷达等设备，这些从未做过的项目接踵而至。不但技术复杂，参与人员众多，时间又非常紧迫，经费上也有很大的限制。因此，人们开始关注如何有效地实行工程建设管理来实现既定的目标。"工程建设管理"这个词就是从这时才开始被认识的。随着现代项目规模越来越大，投资越来越高，涉及专业越来越广泛，项目内部关系越来越复杂，传统的管理模式已经不能满足完成一个大型复杂项目的需要，于是开始了对项目进行管理的模式探索。

　　在 20 世纪初，人们开始探索管理项目的科学方法。第二次世界大战前夕，甘特图已成为计划和控制军事工程与建设项目的重要工具。甘特图直观且有效，便于监视和控制项目的进展状况。时至今日，仍是管理建筑项目的常用方法。但是，由于甘特图难以展示工作环节间的逻辑关系，不适应大型项目的需要。

1931 年出现了协调图以克服上述缺陷，但没有得到足够的重视和承认。与此同时，在规模较大的工程项目和军事项目中广泛使用了里程碑系统，里程碑系统的应用虽未从根本上解决复杂项目的计划和控制问题，但却为网络概念的产生充当了重要媒介。进入 20 世纪 50 年代，美国军界和各大企业的管理人员纷纷为管理各类项目寻求更为有效的计划和控制技术。在各种方法中，最为有效和方便的技术莫过于网络计划技术，网络计划技术克服了条线图的种种缺陷，能够反映项目进展中各工作间的逻辑关系，能够描述各工作环节和工作单位之间的接口界面以及项目的进展情况，并可以事先进行科学安排，因而为管理人员对项目实行有效的管理带来极大的方便。

在上述早期的管理方法之上，经过数十年的发展，在 20 世纪 60 年代末期和 70 年代初期，工业发达国家开始将项目管理的理论和方法应用于建设工程领域，并于 20 世纪 70 年代中期前后在大学开设了与工程管理相关的专业。项目管理首先应用在业主方的工程管理中，而后逐步在承包商、设计方和供货方中得到推广，于 20 世纪 70 年代中期兴起了项目管理咨询服务，项目管理咨询公司的主要服务对象是业主，但它也服务于承包商、设计方和供货方。国际咨询工程师协会（FIDIC）于 1980 年颁布了《业主方与项目管理咨询公司的项目管理合同条件》。

2. 国内工程建设管理的起源与发展

自从有组织的人类活动出现至今，人类就一直执行着各种规模的"项目"。中国作为世界文明古国，历史上有许多举世瞩目的项目，如秦始皇统一中国后对长城进行的修筑、战国时期李冰父子设计修建的都江堰水利工程、北宋真宗年间的"丁渭工程"、河北的赵州桥、北京的故宫等等，都是中华民族历史上运作大型复杂项目的范例。从今天的角度来看，这些项目依然堪称是极其复杂的大型项目，对于这些项目的管理，如果没有进行系统的规划，要取得成功几乎是不可能的，但现在我们缺乏相应的文献记载。

01 模式
工程建设组织模式

　　我国现代工程项目管理的起源要归功于华罗庚教授，华罗庚教授于 1964 年倡导并开始应用推广"统筹法"（Overall Planning Method）。1965 年华罗庚编著的《统筹方法平话及其补充》由中国工业出版社出版，该书的核心是提出了一套较系统的、适合我国国情的项目管理方法，包括调查研究，绘制箭头图，找主要矛盾线，以及在设定目标条件下优化资源配置等。1964 年华罗庚带领中国科技大学部分老师和学生到西南三线建设工地推广应用统筹法，在修铁路、架桥梁、挖隧道等工程项目管理上取得了成功。毛泽东主席在给华罗庚的信上鼓励他"诗和信已经收读。壮志凌云，可喜可贺"。华罗庚带领推广优选法统筹法小分队，到过全国 23 个省、市、自治区推广双法，各地在建筑工程、设备维修、生产组织、生产运作流程重建等诸多领域很快地创造了数以千计的成果，取得了巨大的经济效益。尤其值得指出的是，在这一期间开发出了数以百计的作业流程，为进一步实施规范化和标准化奠定了坚实的基础。

　　20 世纪 80 年代后期，我国已开发出了基于统筹法和网络技术的项目管理软件。"北京统筹法与管理科学研究会"首先在全国的建筑工程领域大力推广，使各地建筑业的项目管理水平大大提高。国内已出现许多有关项目管理的软件，具备了财务预算与管理、进度控制、风险分析等多项功能，在项目选择、规划、实施、监测和控制以及招标投标等方面都发挥了积极的作用。在工程项目管理中利用工作计划软件，通过集成项目管理、知识管理、计划管理、工作流程管理、日程 / 任务管理为一体，为团队和企业提供管理服务。

　　我国现代项目管理体系与国际接轨，始于 1982 年我国利用世界银行贷款建设的鲁布格水电站饮水导流工程，日本建筑企业运用项目管理方法对这一工程的施工进行了有效的管理，取得了很好的效果。这给当时我国的整个投资建设领域带来了很大的冲击，人们确实看到了工程建设管理技术的作用。基于鲁布格工程的经验，1987 年国家计委、建设部等有关部门联合发出通知在一批试点企业和建设单位要求采用工程建设管理施工法，并开始建立中国的项目经理认证制度。1991 年，建设部进一步提出把试点工作转变为全行业推进的综合改革，全面推广项目管理和项目经理负责制，比如在二滩水电站、三峡水利枢纽建设和其他大型工程建设中，都采用了工程建设管理这一有效手段，并取得了良好的效果。

工程建设管理主要内容

1. 参与各方项目管理的主要内容

在工程项目的决策和实施过程中，由于项目管理的主体不同，其项目管理所包含的内容也就有所不同。

（1）业主的项目管理是全过程的，包括项目决策、实施和使用阶段的各个环节，即从编制项目建议书开始，经可行性研究、设计和施工，直至项目竣工验收、投产使用的全过程管理。

（2）工程建设总承包单位的项目管理是贯穿于项目实施全过程的全面管理，既包括工程项目的设计阶段，也包括工程项目的施工和安装阶段。

（3）设计单位的项目管理是指设计单位受业主委托承担工程项目的设计任务后，根据设计合同所界定的工作目标及责任义务，对建设项目设计阶段的工作所进行的自我管理。

（4）施工单位通过投标获得工程施工承包合同，并以施工合同所界定的工程范围组织项目管理，简称为施工项目管理。施工项目管理的目标体系包括工程施工质量、成本、工期、安全、现场标准以及智慧工地智能管控。

2. 施工企业项目管理的主要内容

施工项目管理是建筑业企业运用系统的观点、理论和方法对施工项目进行的计划、组织、监督、控制、协调等全过程、全方位的管理，是工程建设实施阶段的项目管理。

施工企业作为一个工程项目参建单位之一，项目管理主要服务于项目的整体利益及企业的利益。项目管理工作主要发生在施工阶段，但由于其施工过程中涉及勘察设计等文件资料，竣工后有保修阶段，因此施工单位的项目管理工作也会涉及勘察设计阶段、开工前的准备阶段及质量保修阶段。其项目管理的目标主要包括施工的进度目标、质量目标、安全目标、成本目标等。

从施工项目的寿命周期来看，施工项目的管理过程可分为投标签约阶段、施工准备阶段、施工阶段、竣工验收阶段、质量保修与售后服务等阶段。

在进行施工项目管理的过程中主要完成的任务有：施工进度管理、施工质量管理、施工安全管理、施工成本管理、施工合同管理、施工信息化管理以及与施工相关的组织与协调等。在施工准备阶段和施工阶段项目管理具体有九大内容：策划先行、党建聚力、标化引领、资源统筹、供方遴选、协调服务、成本预控、制度约束、绩效考核。

策划先行：指项目前期抓好现场组织策划、施工方案策划、商务成本策划、资金管控策划四大策划，根据项目战略定位、实施难度分级牵头组织，明确管理目标，研究实现路径，制定保障措施。

党建聚力：指通过将红色基因的政治优势转化为企业生产力，利用好地方资源，快速推动项目征拆工作。同时，充分发挥党组织的战斗堡垒作用和党员先锋模范作用，发挥政治优势，彰显组织战斗力，积极拓展职工幸福空间，发挥组织凝聚力。

标化引领：指通过制定现场临建设施、工序工艺、管理流程等标准，根据项目特点选择有代表性的工点进行亮点打造，推进临建标准化、制度标准化、工艺标准化，利用样板单位的引领、带头作用，实现整个项目以及项目实施全过程的标准化覆盖。

资源统筹：指通过总承包部统筹资源，发挥规模采购优势，统一组织大宗材料、主要劳务分包商等的采购，降低采购成本。统一牵头实施高端对接，牵头办理重大方案优化、重大设计变更、重大开源创效，提高创效效率、确保创效成果、降低创效成本。

供方遴选：指通过参与控制性工程的物资、材料、劳务供方等资源引进，选择最优供方，实现重难点工点资源强配，为工程有序推进提供保障。

协调服务：指通过加强内外部的沟通联系和协调，对下协调好各项目之间的交叉施工、工序衔接、资源调配等关系，对上协调好与业主、设计、监理等有关工期、资金、设计、征拆等的对接，对外协调好与地方政府、行政主管部门等有关单位之间的关系，主动协调，靠前服务，实现上下级之间、内外部之间沟通顺畅。

成本预控：指通过成本预控，实现降本增效。一是在工期上预控成本，通过均衡生产，缩短工期，降低管理成本；二是施工方案上预控成本，通过方案优化，以最合理的组织方式和资源配置实现成本节余；三是通过预防材料超耗而造成的资源浪费。

制度约束：指配套完善项目工期、安全、质量、文明施工、标准化、创优创效等方面的计划、执行、检查、考核制度，并建立监督和执行机制，通过制度规范管理行为，提升管理效能。

绩效考核：指定期对项目部进行检查，对业绩进行考核评估，并通报有关单位，实时掌握项目动态。对业绩较差的项目部及时采取措施，予以纠偏。

工程建设组织模式

1. 工程建设主要组织模式

当前在国际市场当中，建筑工程项目已经形成了多种比较成熟的项目管理工作模式，并且各种不同的管理组织模式正在处于不断完善和创新过程中。工业革命以后，工程本身以及建设技术越来越复杂，施工管理变得越来越重要，施工总承包模式开始发展。20 世纪 60 年代末期之后，工程建设技术进一步复杂化，业主越来越关注建设周期和成本，为了增强设计、采购、施工之间的集成，工程总承包模式（D&B、EPC、Turn-key）开始出现。与此同时，为了能

01 模式
工程建设组织模式

将工程管理经验融入前期的设计中，业主让总承包商在设计阶段即参与项目建设，发展出美国的风险型 CM，在英国和我国香港地区叫作管理承包（MC）。

建筑工程管理模式主要是通过以 CM 模式为基础，在最近几年的发展过程中，受到了国内外各建筑单位的广泛应用，该管理工作模式主要的特性是采用阶段性的发包模式，通过缩短工程施工周期作为主要的起点，其中比较常见的管理模式包含了风险性管理工作方式、建筑工程的设计建造以及工程竣工交付管理模式。该模式属于一项比较简单的项目管理方法，在项目正式确定之后只需要以总价合同作为基础，通过招标选定一家承包商来负责整个工程的设计和施工。CM 建设管理模式，主要是运用快速路径法来开展相关工程施工时，从工程的开始阶段就雇用了比较有经验的 CM 单位参与到工程的建设过程中，为设计人员提供出必要的施工建议以及完成对后续的施工管理，属于一种比较流行的项目管理工作方法。

在 EPC 项目模式当中，不但包含了整个工程项目的设计工作，同时还包含了整个建设工程的规划工作内容，以及项目工程的组织管理工作计划。在 EPC 管理组织模式下，业主方面只需要阐述自身的投资意图以及相关的工程图要求，剩下的工作只需要通过 EPC 承包单位来负责完成。业主方面不需要聘请专业的监理工程师来进行工程管理，而是通过承包商单位来作为主要的管理工作角色，承包商单位承担着工程设计的风险以及不可预见性的风险问题。EPC 项目管理组织模式通常适用于一些工程施工规模较大、工期施工较长，并且整个工程技术性比较复杂的建筑工程，比如大型的工厂、发电厂以及石油开发等基础设施建设。工程总承包是国际通行的工程建设项目组织实施方式。积极推行工程总承包和工程项目管理，是深化我国工程建设项目组织实施方式改革，提高工程建设管理水平，保证工程质量和投资效益，规范建筑市场秩序的重要措施；是勘察、设计、施工、监理企业调整经营结构，增强综合实力，加快与国际工程承包和管理方式接轨，适应社会主义市场经济发展和加入世界贸易组织后新形势的必然要求。

目前国内工程项目的管理方式主要以施工总承包为主，随着 2001 年加入

WTO 及"一带一路"倡议的提出，国内建筑企业纷纷走出国门，进入更为广阔的世界建筑市场，甚至与世界先进的建筑企业同台竞争，中国企业面临更多的市场机遇和挑战。一些业主提出更多的价值服务要求，比如希望在项目规划、管理、设计、运维、培训等方面提供更多价值创造，国内企业原来单一的施工总承包模式显然不能满足要求，一些企业于是调整方向，探索多元化的项目管理方式，增强国际竞争力；同时，由于近几年国内劳务市场发生了变化，由原来的劳务过剩变成劳务紧缺，人才流动和信息化的快速发展使企业的管理水平和技术水平迅速提高，建筑市场竞争越发激烈，施工总承包模式能够产生的效益被摊薄，加上国家在政策上的导向作用，企业纷纷转化管理模式，延伸在建筑链条上的服务范围，规划、设计、运维都是企业纵向探索的方向，寻求更大范围的价值创造和利润增长点。在此大环境下，PPP、EPC、BOT、CM 等模式在国内得到快速发展。

目前国内的各种管理方式较多，主要在融资、项目管理、规划、设计、建造、运维、转让等方面进行交叉，总结国际上通行的项目管理方式，笔者将其汇总列表，供参考。工程项目承包模式见表 1-1。

工程项目承包模式

表 1-1

序号	分类	全称	简称	含义
1	工程项目建设模式	设计-招标-建造平行发包模式	DBB	由业主委托建筑师或咨询工程师进行前期的各项工作，待项目评估立项后再进行设计。在设计阶段编制施工招标文件，随后通过招标选择承包商。在工程项目实施阶段，工程师则为业主提供施工管理服务
2		设计-建造模式	DB	也称为交钥匙模式。是在项目原则确定之后，业主选定一家公司负责项目的设计和施工。这种方式在投标和订立合同时是以总价合同为基础的。设计-建造总承包商对整个项目的成本负责，他首先选择一家咨询设计公司进行设计，然后采用竞争性招标方式选择分包商，当然也可以利用本公司的设计和施工力量完成一部分工程

01 模式

工程建设组织模式

续表

序号	分类	全称	简称	含义
3	工程项目建设模式	设计-采购-施工工程总承包模式	EPC	工程总承包企业按照合同约定，承担工程项目的设计、采购、施工、试运行服务等实行全过程或若干阶段的承包，并对承包工程的质量、安全、工期、造价全面负责
4		设计-建造-运营模式	DBO	政府赋予投资人特许经营权，由其负责项目的设计和建设，并在项目建成后的一定期限内进行项目的运营，至期满后将项目移交于政府或所属机构
5	带融资性质建设模式	公共部门与社会资本合作模式	PPP	在公共服务和基础设施领域，政府采取招标等竞争性方式选择具有投资、运营管理能力的社会资本，双方签订长期合同，由社会资本承担设计、建设、运营和移交，并通过"使用者付费"及必要的"政府付费"获得合理投资回报
6		建造-运营-移交模式	BOT	是指一国财团或投资人为项目的发起人，从一个国家的政府获得某项目基础设施的建设特许权，然后由其独立式地联合其他方组建项目公司，负责项目的融资、设计、建设和经营。在整个特许期内，项目公司通过项目的经营获得利润，并用此利润偿还债务。在特许期满之时，整个项目由项目公司无偿或以极少的名义价格移交给东道国政府
7		建造-移交模式	BT	是BOT模式的一种变换形式，主要适用于建设公共基础设施，BT建设承包人负责建设资金筹集和项目建设，并在项目完工时立即移交给政府，政府向BT建设承包人支付工程建设费用和融资费用，支付时间由BT建设双方约定（可能是工程建设开始）
8		设计-建设-融资-运营模式	DBFO	从项目的设计开始就特许给某一机构进行，直到项目经营期收回投资和取得投资效益
9	组合使用管理模式	施工管理承包模式	CM	又称"边设计、边施工"方式。由业主委托CM单位，以一个承包商的身份，采取有条件的"边设计、边施工"，着眼于缩短项目周期，也称快速路径法，直接指挥施工活动，在一定程度上影响设计活动，而它与业主的合同通常采用"成本＋利润"方式的这样一种承发包模式。此方式通过施工管理商来协调设计和施工的矛盾，使决策公开化

续表

序号	分类	全称	简称	含义
10	组合使用管理模式	项目管理承包模式	PMC	指项目管理承包商代表业主对工程项目进行全过程、全方位的项目管理，包括进行工程的整体规划、项目定义、工程招标、选择EPC承包商，并对设计、采购、施工、试运行进行全面管理，一般不直接参与项目的设计、采购、施工和试运行等阶段的具体工作

2. 工程建设组织模式发展展望

建设工程选择何种组织模式，主要取决于工程性质、工程技术复杂程度、建设周期的要求以及设计图纸的深度等因素。未来工程建设组织模式的发展趋势主要有以下几点：

（1）国际化趋势：随着我国改革开放的进一步加快，我国经济日益深刻地融入全球市场，企业走出国门在海外投资和经营的项目也在增加，许多项目要通过国际招标、咨询或BOT方式运作，项目管理的国际化正形成趋势和潮流。特别是我国加入WTO后，行业壁垒下降，国内外市场全面融合。随着国内市场国际化，面对日益激烈的市场竞争，我国企业必须以市场为导向，转换经营模式，增强应变能力，勇于进取，在竞争中学会生存，在拼搏中寻求发展。在项目管理国际化趋势中，国际学术交流日益频繁，国际项目管理协会等国际组织发挥更大作用。国际项目管理协会（IPMA）是以欧洲国家为主体组成的，我国项目管理委员会也已加入成为其成员单位。这些组织每年都进行很多行业性和学术性的活动，发行通讯和刊物、协助项目管理专业人员的招聘和就业。由于项目管理的普遍规律和许多项目的跨国性质，各国专家都在探讨项目管理学科的国际通用体系。

（2）信息化趋势：如今是万物互联的时代，信息技术的应用迅速发展，项目管理的信息化已成必然趋势。21世纪的主导经济——知识经济已经来临，与之相应的项目管理也将成为一个热门前沿领域。知识经济时代的项目管理是通过知识共享、运用集体智慧提高应变能力和创新能力。目前西方发达国家的一些项目管理公司已经在项目管理中运用了计算机网络技术，开始实现了项目管理网络化、虚拟化。许多项目管理公司也开始大量使用项目管理软件进行项目管理，同时还从事项目管理软件的开发研究工作。种种迹象表明，21世纪的项目管理将更多地依靠电脑技术和网络技术，新世纪的项目管理必将成为信息化管理。

02 体制

工程建设管理体制

在我国实行改革开放、发展社会主义市场经济的过程中，建筑施工企业经历了一场深刻的变革，其核心内容就是推行项目法施工。

我国工程建设管理模式的演变

项目法施工

法人管项目

工程履约

Contract Performance Management

of Construction Enterprises

我国工程建设管理模式的演变

1. 中华人民共和国成立至改革开放阶段建设管理模式演变

中华人民共和国成立后，随着经济建设发展的需要，我国社会固定资产投入的逐渐增加，建设资金投入的增加与社会环境的变化必然要求与之相适应的工程建设管理模式，归纳起来改革开放之前工程建设模式有以下几种：

建设单位自营模式：由于此阶段无财力及政府机构不健全，这一时期的工程建设管理主要由建设单位自行负责筹措资金、落实设计和施工，直至竣工交付使用。

建设单位负责制管理模式：这一阶段全社会固定资产投资迅猛增加，施工队伍规模不断扩大，新项目建设一般由建设单位向上级、向国家负责按期、保质建成，负责审查并上报工程决算，这期间的建设单位只是立个建设"户头"，最终由国家把建设资金从建设单位转给施工单位。工程竣工后，施工单位把工程移交给建设单位，同时进行工程结算。在这种模式下，施工单位以完成施工任务为宗旨，没有企业自身的利润要求。

建设单位大包干管理模式：由于这一时期投资不断增加，国务院召开会议要求"不降低生产能力、不推迟交工日期、不突破投资总额，投资由建设单位包干使用"的大包干管理模式。

工程建设指挥部管理模式：20 世纪 60 年代初期，国民经济遇到严重的困难，中央制定了"调整、巩固、充实、提高"的八字方针，收回了一部分下放的工程建设管理权力，改分散管理为集中管理，即集中人力、财力、物力，交由上级批准的工程建设指挥部管理使用，此后指挥部管理模式不断扩大、完善并普遍实行。

2. 改革开放至今建设管理模式演变

改革开放初期，中国建筑业重新被作为国民经济的独立产业和赢利部门，不再被认为是国家固定资产投资的辅助部门。为了解决中国建筑业由计划经济转为市场经济所遇到的问题，中国建筑业开始试行招标投标制，经过试点的成功试行和推广，到1994年中国建设工程合同已有近50%是通过公开招标投标的方式签订的。目前，所有政府项目和公共工程都必须依法公开招标，选择承包商。公开招标不仅在建筑安装领域实施，也推广到项目设计、设备采购和工程监理等领域。

党的十九大报告指出，中国特色社会主义进入新时代，我国经济已由高速增长阶段转向高质量发展阶段，正处在转变发展方式、优化经济结构、转换增长动能的攻关期。对于我国建筑业来说，其规模快速扩张带来的发展，正在成为过去时，传统的建筑业面临着前所未有的机遇和挑战，新常态下建筑业改革发展任务艰巨，任重而道远。

（1）用好企业营商环境的优化

用好企业营商环境的优化及简化市场的准入，不再设立新的资质。推行"互联网+"政务服务，进行审批承诺制试点，提高审批效率。加快完善信用体系、工程担保、保险等相关配套制度，试点放宽承揽业务范围限制，加强事中事后监管。强化个人执业资格管理，有序发展个人执业事务所，推动建立个人执业保险制度。企业要从围着资质转，转向围着市场转、信誉转。

完善招标投标制度。缩小招标范围，放宽有关规模标准。在社会投资的建筑工程中，由建设单位自主决定发包方式。依法招标的项目纳入统一的公共资源交易平台，简化程序，实现电子化，促进公开、透明。常规工程实行最低价中标，同时有效发挥履约担保作用，实行高额履约担保，防止恶意低价中标。

市场统一开放公平竞争。打破壁垒，取消各地区、各行业对建筑业企业设置的不合理准入条件；严禁擅自或变相设立审批、备案事项。完善全国建筑市场监管公共服务平台，加快实现数据共享交换。建立建筑市场主体黑名单制度，依法、依规全面公开企业和个人优良信用记录与不良信用记录，接受社会监督。

（2）适应工程建设组织模式的变革

完善工程建设组织模式，主层面为建设单位、工程总承包、全过程工程咨询三足鼎立，打破人为分割及碎片化，责任层次更明晰，责权利更统一。强化建设单位的首要责任。加快推行工程总承包，工程承包分割管理转向工程总承包集成化管理，促进设计施工深度融合，提高工程建设水平。大力推行全过程工程咨询，打破资质碎片割裂的工程咨询服务转向全过程工程咨询服务。培育一批具有国际水平的工程总承包、全过程工程咨询龙头企业及与其配套的专业企业，提升企业核心竞争力。

（3）拥抱生产建造方式的革命

互联网的信息技术与产业深度融合。重点加快推进建筑信息模型（BIM）技术的集成应用，实现项目全生命周期数据共享和信息化管理。推广现代工业化生产建造，大力推广装配式建筑，深入推行绿色建筑，全面推动绿色建材、设计、施工和运行。加快建立适应装配式建筑的制度、技术、生产和监管体系。加快修订编制相关标准、规范、规程。加快新技术研发应用，限制和淘汰落后的工艺、危险的工艺方法，积极支持建筑业科研工作。发挥工程建设标准引领作用，整合精简强制性标准，提高标准水平；积极培育团体标准，增加标准有效供给；开展标准复审，加快修订，提高标准的时效性；加强科技研发与标准制定的信息沟通。

（4）顺应"一带一路"走出去战略实施

加强中外标准的衔接，缩小技术差别，在对外援助工程中优先使用我国标准，参加国际标准的认证交流和双边合作。统筹协调，发挥比较优势，有目标、有重点、有组织地开展对外承包工程，参与"一带一路"建设；鼓励大企业带动中小企业、沿海沿边地区企业合作"出海"，避免恶性竞争；引导对外承包工程企业向高附加值的领域有序拓展；推动企业提高属地化经营水平；政府加大政策扶持力度，加强建筑业"走出去"主管部门间的沟通协调和信息共享；推进建设领域执业资格国际互认，综合发挥各类金融工具的作用，支持对外经济合作中建筑领域的重大战略项目。

建筑业逐步进入平稳发展期，队伍规模依然庞大，市场重心转向基础设施及生态建设。面对前所未有的机遇和挑战，建筑业改革发展要因时而动，顺势而为，推动建筑业实现高质量的发展。

项目法施工

　　项目法施工是我国自创的施工管理模式，它萌发于 1984 年，诞生于 1986 年，1987 年 10 月开始试点。经过数十年的研究和实践，在理论上逐步形成体系，在实践中取得较大成果，它既符合国际惯例，又适应中国国情，能促进生产力发展，有利于提高企业的经济效益。

　　进入 21 世纪后，项目法施工又得到更进一步的发展，项目法施工并不等同于项目管理，它们之间有原则的区别，也有密切的联系。项目法施工属企业管理范畴，由企业管理学研究，研究施工企业以施工项目为中心的管理规律，虽然也包括项目管理的一般规律，但主要是研究多个项目的综合协调管理，进而取得企业整体综合效益。我们主要从它的基本内容、基本规则、基本特征和主要意义四个方面进行探讨。

1. 基本内容

　　项目法施工是我国施工企业根据经营战略和内外条件，按照企业项目的内在规律，通过对生产诸要素的优化配置与动态管理，实现项目合同目标，提高工程投资效益和企业综合经济效益的一种科学管理模式。

　　项目法施工是随着我国建筑业和施工企业改革而产生的一种新的管理模式。过去我国传统施工企业实行的是一种生产型管理模式，它的特点是以产量与产值导向左右整个施工企业的管理。项目法施工这种企业管理模式，特别强调以施工项目为中心，在项目层面必须根据项目具体工作内容规划施工，资源配置一次到位，协调处理过程中发生的一系列问题，以利于项目目标的实现；在企业层面，企业作为从事社会生产的经济实体，则需要考虑在一定的社会经济环境下，其内部的组织结构、管理体制、人员素质、物资设备条件也是处在发展变化之中，因此必须从实际出发，充分考虑具体项目的内外条件及企业的经营战略要求，适当运用项目法施工原理，合理部署和动态调配企业施工力量，使施工企业从总体上发挥最大效率，最终以保证施工项目按质如期交付，同时使得施工企业实现预期目标。

项目法施工运行的主体就是施工企业，而施工企业的组成涵盖不同层次不同职能的人员，所以从某种意义上讲项目法施工运行主体分为：施工企业经营管理班子、直管项目层级班子、项目班子。项目法施工是施工企业的一种行之有效的新颖的管理模式，是从施工企业的角度对其所承揽的各个施工项目进行的总体部署和综合管理。所以，它虽然涉及每一个施工项目的管理，但它的重点是着眼于企业的整体安排，也就是企业管理。

2. 基本规则

项目法施工以工程项目为对象，以项目工程经济承包合同为依据，以工程项目人、财、物等生产要素市场为条件，以国家的法律法规和企业对项目法施工的一整套组织制度和管理制度作保证，对工程项目的安全、质量、进度、成本、企业形象、文明施工实行全过程控制和管理的方法。项目法施工不是无序运行的，在运行过程中必须遵循一定的规则。项目法施工的运行规则是：

（1）始终按照项目法施工模式的设计标准与要求运行，紧紧把握运行的目标。

（2）始终按照价值规律和工程建设的规律要求运行，项目法施工模式是一种经济管理模式，它的运行要受到商品经济运行规律的支配——价值规律的制约。

（3）始终按照施工项目的特点运行，施工时需注意项目不同特性，一切从实际出发，立足于具体调查分析的基础上，有针对性地采取相应的有效措施。

（4）始终遵循国家的法规政令。项目法施工模式是我国社会主义经济管理的一种模式，因此必然受到国家一系列相关法规法令限定。

3. 基本特征

项目法施工的主要特征可以从实践角度概括为以下五个方面：

（1）企业要以工程项目为基点组织生产，而不是以行政固定建制单位组织生产。

（2）企业要建立以项目经理部或承包班子为主要形式的施工生产经营管理系统，实行项目经理责任制。要建立多功能的相对稳定的劳务管理后方基地，发展多种经营，以便转移安置富余人员，做到精兵强将上一线。

（3）企业要建立以项目成本为中心的独立核算体系。有严密的项目核算制度，项目上的投入、产出均有科学的测算依据，成本控制有切实可行的措施。

（4）企业的组织结构要按照项目法施工的要求进行调整，最大限度地使企业各生产要素在施工现场得到最佳动态组合。

（5）企业要对项目承包人责、权、利明确，三者利益融为一体，有利于克服传统施工方式的弊端，充分调动员工积极性，挖掘内部潜力，提高质量、降低成本，促进施工生产力的发展，培训和造就一批善经营、懂技术、会管理的复合型人才。

4. 主要意义

推行项目法施工的企业，工程质量、施工工期和经济效益，基本都得到了较大的提高。

项目法施工既适合施工企业的管理现状和改革方向，又适合于施工企业一般生产特点（即产品一次性）的管理模式，是推动施工企业全面改革，实现管理现代化的有效措施。施工企业只有按照项目法施工的特点及管理模式，以项目法施工的项目为对象进行管理，才可能提高质量和施工效益。

实行项目法施工能够解决原有固定建制管理模式单纯追求产值、产量而不顾项目综合经济效益的弊端，是增强企业项目意识的有效途径。

项目法施工能够促使施工企业适应我国社会主义市场经济的要求，即计划与市场调节相结合的国民经济总体运行模式。

实行项目法施工，可促进我国施工企业实现提高固定资产投资效益，为用户服务的宗旨。

法人管项目

"法人管项目"是中建集团工程管理模式中一种创新的管理模式,其本质在于中建集团在多种工程管理模式的基础上,通过"去粗存精",与中国的实际情况相结合。这种建设工程项目管理模式正是中建集团在多年国际、国内建设工程项目管理实践经验上的总结和提炼的基础上提出的,可以说"法人管项目"管理模式是一种与国际接轨的、符合国际上普遍实行的"集约化"管理理念的建设工程项目管理新模式,也是十分适合具有敢于走出去参与国际市场竞争、具有做大做强企业发展战略的中国建筑企业的管理模式。

"法人管项目"是法人对项目管理的全过程进行实际有效的监控。法人是具有民事权利能力和民事行为能力,依法独立享有民事权利和承担民事义务的组织,是社会组织在法律上的人格化。法人是组织而不是自然人"法人管项目",并非指法人代表直接管理工程项目,也不是受法人委托的某人对项目进行全权管理,而是指在企业法人层面建立起一个对项目的经营管理体系,企业的各职能环节按规范化的程序实施对项目的管理控制。

"法人管项目"最为主要的特点是,在"法人管项目"管理模式中项目经理只是代表企业去管理项目,是执行人而不是决策者,项目经理要严格体现企业管理项目的旨意,严格执行企业管理项目的规范制度。可以说,"法人管项目"这种独特新颖的管理模式的出现正是中国建筑工程管理上重大的进步和方法创新。

相对于传统的项目管理模式,"法人管项目"的优势在于能通过集中控制,特别是人力资源集中管理、财务资金集中控制、物资材料集中采购的"三集中"很好地解决项目经理管项目的弊端,主要体现在:企业能通过对多项目实施有效的过程管理控制,实现工程项目管理的成本透明化,有助于争取企业利润最大化,实现企业权力和业务的统一;企业法人通过集中的项目资金财务控制,提高企业资金流动利用率,增强企业的银行诚信度;能有效地保障工程项目的实施进度和工程质量,为社会提供质量优良、使用放心的建筑产品;能有效地堵塞项目管理的漏洞，防止管理人员犯错误、保护人才资源、预防腐败。

"法人管项目"的工程项目管理模式是多年管理实践经验的总结和提炼，是国际上普遍实行的"集约化"管理理念的工程项目管理模式。

落实和完善好"法人管项目"模式，首先要了解什么是"法人管项目"。"法人管项目"不是指企业的哪一个人管项目，而是企业的各职能环节按规范化的程序实施对项目的管理控制。在"法人管项目"的管理体制下，项目经理只是代表企业去管理项目，是执行人而不是决策者，项目经理要严格体现企业管理项目的精神和宗旨，严格执行和落实企业管理项目的制度，自觉接受法人的监督。简而言之，"法人管项目"就是要在项目、公司机关业务部门、公司领导之间建立起一个三点一线的管理链条。

法人管项目的意义：

一是可以改善项目管理现状。项目管理失败的例子举不胜举，巨亏项目也不少，一个失败的项目会给企业带来严重性的伤害，甚至会是毁灭性的打击。因此，在项目的实施过程中，法人必须实施管理与监控。

"项目经理管项目"的管理模式中项目经理具有项目实施的权利却不承担相应的义务和法律责任；企业法人失去对项目实施的控制权，却承担了项目的进度、质量、安全、信贷、成本等工程的风险和法律责任；这是巨亏项目产生的一个必然条件。

二是通过法人管项目，实现集约化、精细化管理，可以有效控制并降低成本。

相对于传统的项目管理模式，"法人管项目"的优势就在于，能通过集中控制，特别是人力资源集中管理、财务资金集中控制、物资材料集中采购的"三集中"很好地解决项目经理管项目的弊病，主要体现在：企业能通过对多项目实施有效的过程管理控制，实现工程项目管理的成本透明化，有助于争取企业利润的最大化，实现企业权利和义务的统一企业法人通过集中的项目资金财务控制，提高企业资金流动利用率，增强企业的银行诚信度；能有效地保障工程项目的实施进度和工程质量，为社会提供质量优良、使用放心的建筑产品；能有效地堵塞项目管理的漏斗，防止管理人员犯错误、保护人才资源、预防腐败。"法人管项目"的管理模式的实施只有依靠以信息技术为支撑才能有效实施，有利于企业信息化和管理现代化的实施。

03 问题与挑战

工程建设问题与挑战

当前，我国建筑业发展水平仍不高，发展模式粗放，管理手段落后，在工期、质量、劳务管理等方面存在一定的问题。随着全球化趋势导致竞争加剧、"新基建"异军突起、信息化技术冲击等，我国建筑业发展面临着前所未有的机遇和挑战。

工程建设现阶段存在的问题
工程施工面临的机遇和挑战

工程履约
Contract Performance Management
of Construction Enterprises

工程建设现阶段存在的问题

当前，建筑业市场竞争日趋激烈，工程项目施工管理逐步规范化，业主对工期、质量、安全、环保等要求越来越高，对建筑企业的履约管理能力提出了更高的要求。然而，我国建筑业管理发展水平不均衡，在建设工程项目的全面履约方面主要存在以下问题。

1. 工期履约意识不强

当前，在建项目普遍工期紧、竞争激烈，这是业主尽快发挥投资效益的必然要求，也是建筑企业摊薄固定成本，争取经济效益的要求。但是，部分工程项目普遍出现工期前松后紧，进场慢，施工始终不能走上正常状态，执行力偏弱，今日拖明日，后期不得不成倍地加大投入，拼抢工期，豆腐盘成肉价钱。主要体现在进场慢，达到施工条件滞后；征拆慢，项目决策瞻前顾后；转换慢，工序衔接不紧凑；进度慢，资源配置不能一步到位；流程慢，各级机构支撑不够等。

2. "大成本"意识不强

在成本管理中，一味地只注重单项成本的降低，小成本抠得紧，只实现了成本的最小化，没有从全过程来考虑，导致项目重大节点受到影响，造成抢工而增加投入，损失的是小成本，但影响企业的社会信誉和最终效益。没有积极响应客户诉求，没有执行"工期就是效益"，没有认清资源配置成本与工期成本的深层次关系。

3. 首次资源配置不足

项目上场首次资源配置不足，考虑不周全，尤其是项目经理等关键岗位人员选用不当，导致过程中被动更换，致使项目内控工作不连续，造成经济效益流失，导致项目损失。

4. 劳务选择不当

在劳务分包队伍选择方面，不重点考察队伍实力、项目业绩、施工能力等方面，只注重价格，在项目工期紧时，增加设备、人员跟不上来，造成履约风险。

5. 技术支撑不到位

技术管理是项目管理的灵魂，项目管理应以技术为先并贯穿于工程项目全过程。技术管理中最重要的内容为方案策划，通过方案策划，明确各工序施工方法、各阶段管理目标、资源组织及解决问题的措施，使项目管理各项业务有规可循、有据可依。但在实际工作过程中，技术支撑往往不连续，直接影响施工组织均衡推进，最终体现在项目成本上。

6. 项目策划执行力不够

项目策划是项目管理的纲目，按照项目策划要求执行才能确保进度、安全、质量可控，各项工作有序开展。将策划弄成虚应故事、形式主义，则失去了预控作用，施工中就必然打乱仗，前面施工给后面埋下地雷，主次颠倒，把施工变成了一种纯粹的破坏性行为。

7. 安全质量问题威胁企业生存

安全和质量是企业的"底线"和"生命线"，现阶段各种安全和质量事故层出不穷，对社会造成重大的损失。对于企业而言，安全质量问题损坏企业的信誉及品牌，有时甚至是灭顶之灾。

8. 前沿科技及管理应用不深

在全球化视野下，各行各业从"互联网+"向"人工智能+"快速迭代进化，伴随着数据化、智慧化、智能化的炼化过程，一场新的工业革命正在催生。但从实际情况来看，大部分施工单位自我革新的意愿不强烈，不愿意打破传统思维模式、改变既有约束的阻力重重，各级机构孕育"革新"的氛围尚未形成。

工程施工面临的机遇和挑战

党的十九大报告提出："我国经济已由高速增长阶段转向高质量发展阶段，正处在转变发展方式、优化经济结构、转换增长动能的攻关期。"我国建筑业自 20 世纪 80 年代起，作为城市经济体制改革的突破口率先走向市场，并在过去的 30 多年内伴随着国民经济的发展取得了高速增长。然而，中国建筑业目前仍然大而不强，在新形势下，作为国民经济支柱产业的建筑业，其就业范围广、体量大，依靠规模快速扩张的传统发展模式更是难以为继，行业面临着前所未有的机遇和挑战。

1."新基建"

2020 年国务院首次常务会议上就提出要"出台信息网络等新型基础设施投资支持政策，推进智能、绿色制造"。在随后的中央全面深化改革委员会第十二次会议指出，基础设施是经济社会发展的重要支撑，要以整体优化、协同融合为导向，统筹存量和增量、传统和新型基础设施发展，打造集约高效、经济适用、智能绿色、安全可靠的现代化基础设施体系。

"新基建"有三大特点：一是基础新，更加关注 5G、人工智能、工业互联网、物联网等底层信息技术的应用，带动智能设备的生产和应用；二是作用新，它是新业态、新技术，并且能够通过数据的收集、计算、模拟、反馈等创造出更多的新市场、新需求；三是模式新，可以通过更加丰富的金融手段吸引更多民间资本参与投资和运营，优化和改变以往传统基建仅以政府投资为主的固有模式。截至目前，全国 31 个省份共开出超 40 万亿"新基建"投资，未来基础设施建设空间广阔，给施工企业带来新机遇。

2.工业化和信息化

作为传统的建筑业相比其他工业门类发展缓慢，工业化信息化程度较低，存在生产方式粗放、劳动效率低下、高耗能、高污染等问题。但这一方面也表明，建筑业通过技术进步提升生产方式转型升级的发展空间巨大。这要求建筑业以技术创新为驱动，加快数字化企业的升级与转型，重要途径包括：大力推广装配式建筑，推动建造方式创新；加快推进以 BIM 和互联网技术为主的集成应用，实现项目全生命周期数据共享和信息化管理；加快先进建造设备、智能设备的研发、制造和推广应用，限制和淘汰落后危险的工艺工法；发挥标准引领作用，提升完善工程建设标准，加强与科技研发沟通结合，与国际先进标准衔接。

3. 劳动力需求变化

建筑业长期以来拼速度拼规模单一的粗放生产方式，导致了高素质的复合型人才缺乏，尤其是生产一线的进城务工人员一直以无序、散乱的体制外状态存在，技能水平不高等问题突出。这就要求我们一方面改革生产方式，通过建筑工业化大幅提高劳动者的生产效率。另一方面，同样重要的是改革建筑用工制度，企业有用工的自主权，进城务工人员可自行组建小微专业作业企业，达到专业化、组织化，建立学校和企业的技术人才培养机制，推出体现技工价值的薪酬荣誉制度，弘扬工匠精神，推进进城务工人员向产业工人转型。同时，利用好我国新一代年轻劳动者素质提升和就业结构优化等人才新红利，加快培养高素质建筑人才。

4. 工程建设组织模式变革

建筑业工程建设环节碎片化、分散化、分割极为严重，尤其工程总承包推广缓慢，全过程工程咨询几乎没有，建筑企业多集中于建筑业价值链的低端，在附加值高的融资建设、总承包、全过程工程专业咨询等方面仍落后于发达国家。这就要求我们通过完善优化工程建设组织模式进一步提升生产力，以带动我国建筑业企业从低端走向高端市场，提升整体竞争力。这包括构建三足鼎立的工程建设组织模式，明晰工程建设各方各层的权责利，即强化建设单位的首要责任；加快推行工程总承包，促进设计施工深度融合，由分割管理转向集成化管理；培育全过程工程咨询，发挥建筑师的主导作用，由碎片化转向全过程。同时，市场主力两方面发展，一方面是龙头企业，即总承包企业和全过程工程咨询服务企业在国内外市场做优做强做大；另一方面是大量专业精准、特色鲜明的小微企业，提升单项专业能力，在细分市场中做专做精做细。龙头企业与小微企业开展合作，各取所长，优势互补，避免同质化进行，形成良好行业生态。

5. 生态化和节能化

随着传统工农业的发展、人口的增加、资源的消耗，人类赖以生存的环境恶化、生态失衡，于是"可持续发展""生态城市""生态建筑"或"绿色建筑"的呼声一浪高过一浪，这是生态化趋势出现的大背景，也是中国建筑未来发展的主要趋势。因此，绿色施工关系到整个国民经济的可持续发展，是每一个企业、行业不可回避的焦点。绿色施工主要包括两个方面：一是整个建筑的活动，乃至建筑物存在的整个周期都要尽量好的利用资源，提高资源的利用效果；二是在整个建筑活动中以及建筑物的全寿命周期内，尽量减少环境的负担，尽量少地污染环境，保护环境。

工 程 履 约

Contract Performance Management
of Construction Enterprises

第二篇
工程履约预控管理

04 理念原则
工程管理理念和原则

履约管理是建筑企业项目管理的首要任务，先进的管理理念和原则对履约管理将起到较强的指导和支撑作用。通过大量项目管理实践经验，总结了五大管理理念和四大管理原则，为今后项目管理提供参考借鉴。

管理理念

管理原则

工程履约

管理理念

1. 履约为先、经济结束的理念

目前，国内外经济形势复杂，国家正处在产业调整的关键时期。作为中国建筑企业，同样也面临产能过剩、市场萎缩、竞争压力增大等问题。建筑企业市场竞争力，可以表现为市场资源、人脉关系、专业施工能力、人才储备、资金实力等方面，但归根结底，是履约能力的竞争，成本效益的竞争。

建筑企业作为"订单型企业"，首要考虑的问题是如何实现优质履约，高质量完成订单任务，提高实体品质，从而获得业主信任，为企业实现经济效益和赢得市场打好基础。很难想象，一个项目履约都得不到保障的企业在市场上如何立足，所以，我们用"履约为先"的理念来引导各级管理者从前期项目进场开始就高度重视履约工作，从而解决"走错路""走弯路"的问题。"经济结束"理念则是从系统经营的角度考虑项目效益的问题，项目实施过程中要时刻关注经济指标数据，定期进行成本分析，研究降本增效措施，最终项目实施的成败，要以具体的经济指标来评价和衡量。

（1）履约为先，支撑企业平稳发展

任何建筑企业要实现高质量发展，必须围绕"稳现场，促市场，提效益"的发展目标，坚持履约为先，就要坚持全面强化工程项目管理，以良好的履约能力支撑本企业市场拓展，推进平稳、较快发展。落实履约为先的理念，首先需要持续提高履约意识的宣贯和落实，使大家认识履约对施工企业的重要性，使每项工程，特别是一些战略项目、重点项目，必须全面按期完成承诺目标，严格按照法律规定和合同约定，以专业水平控制关键节点，同时要高度重视工程的质量、安全工作。按照国家以及行业安全生产标准要求，稳步推进安全管理工作，定期开展安全大检查和隐患排查治理，使得每项工程的施工生产安全合规。质量管理方面，要对标先进企业，以"精工良建，品臻致远"作为质量品牌，全面提升各项工作的品质，确保施工质量，确保工程实体施工质量水平。规范经营行为，做好过程履约，向业主交付质量、进度、安全符合要求的项目和服务。

（2）经济结束，不断提升工程项目盈利水平

工程项目的进度、安全、质量是企业品牌的窗口，是项目参建各方管理水平和能力的直接表现。监理、业主以及政府各级监督部门，都高度关注，并作为项目实施过程中的重点监控环节。如果履约过程中稍有问题，就会介入管理并重点监控，督促施工单位改进。然而，施工单位的效益与履约在某些方面又是对立的。要加快工程进度，提高安全、质量标准，必然增加施工投入，增加施工成本。成功的管理者，必须要化解这一对立关系，让对立在某种程度上实现统一。履约为先，不是盲目地加快进度，无限制地提高管控标准，而是要在保障履约的基础上，扛起"经济结束"这面旗帜。落实好"经济结束"理念，施工企业就必须要重视经济指标的管理，采取科学配置资源，科学施工，提高劳动生产力。其次，施工过程中要严格控制消耗，每个单项工程、工序和作业环节要对材料、能源和所需工时等有明确的量化指标，通过严格考核、奖惩等保障激励措施，在合理范围内尽可能降低消耗，实现降本增效。再次，是施工企业要加强分包管控和指导，提高分包商履约效率，系统性支持项目总生产力的提高。

2. 策划先行、未战先胜的理念

工程建设项目管理中，有效的和充分的策划应受到足够的重视。它既是项目成功的重要保证，同时又是提升企业盈利水平的有效途径。工程项目策划的过程是专业知识以及信息的组织和集成的过程，其实质是项目管理经验的集成过程。通过策划梳理各阶段的管理目标、实施计划，预测工程实施过程中可能遇到的困难和问题，提前制定解决措施，使项目管理有规可循、有据可依、有序推进，实现"未战而先胜"。

（1）明确目标，精准施策

经典管理理论对目标管理 MBO 的定义为：目标管理是以目标为导向，以人为中心，以成果为标准，而使组织和个人取得最佳业绩的现代管理方法。目标管理亦称"成果管理"，俗称责任制。是指在企业职工的积极参与下，自上而下

地确定工作目标，并在工作中实行"自我控制"，自下而上地保证目标实现的一种管理办法。

"企业的使命和任务，必须转化为目标"，如果一个领域没有目标，这个领域的工作必然被忽视。因此，管理者应通过目标对下级进行管理，当组织最高层管理者确定了组织目标后，必须对其进行有效分解，转变成各个部门以及各人的分目标，管理者根据分目标的完成情况对下级进行考核、评价和奖惩。工程建设项目亦是如此，工程项目建设周期长，环境复杂，不确定性因素多，明确方向和路径，提前采取预控措施是项目建设取得成功的必经之路。

（2）超前谋划，谋定而后动

从项目投标开始，便要介入策划管理。对项目背景和条件要进行深入细致的调查。项目实施难度如何，企业管理团队能否胜任？业主方资信如何，是否有信用风险？业主方资金是否到位，过程能否保证现金流？种种问题，都是需要提前了解掌握的。不提前掌握项目关键信息，就如黑夜中行军，举步维艰。

项目进场之初，是项目实施策划的关键时期。在项目开工准备阶段，前期选配班子、划分区段、明确施工方案、工筹策划、重难点突破、工序工艺要求等都要进行周密策划，施工方案的选择、地质的研判、设计优化必要时需请专家会诊、把脉。在进场之初就要将可能遇到的问题和困难逐一梳理清楚，并逐条制定解决的措施，项目管理切忌脚踩西瓜皮，滑到哪里算哪里。没有全盘策划意识，不建立整体的策划体系，项目遇到问题将束手无策，陷入被动局面。

3. 技术引领、资源要素一次配置到位的理念

技术管理是项目管理的灵魂，任何一个施工环节都离不开技术管理。技术管理水平的高低，决定项目实施的好坏。因此，做深做透优化设计、实行方案比选、严格工艺工序管理等工作是实现项目管理目标的前提。

"磨刀不误砍柴工"，先想后干，想好了、准备好了再干才能全面掌控各项管控目标，以技术为龙头来定施工组织、定施工方案、定资源配置就是解决"想清楚"的问题。而想清楚往往不太难，难在于如何落实的问题，项目成功的关

键还在于施工组织、施工方案能否严格落实，所以首次资源配置能否一次到位至关重要，它是企业资源组织调配能力的重要体现。一流的企业往往能够花最短的时间精准落实各项要素配置，而二流企业就有可能一个项目从开工到竣工一直忙于调人员、调设备、补资金的状态。如果从开工开始，资源要素不能一次到位，就容易陷入"一步慢、步步慢"的困境，从开工开始便抢工期，挨着骂、背着罚款把工程干完。

4. 接口管理、均衡施工的理念

均衡施工是建筑企业科学组织生产的一个重要组成部分，是生产计划管理的中心内容。实行均衡施工，能使生产趋于有计划、有顺序、有节奏地进行，以期达到缩短工期、降低成本的目的。

实现均衡施工需要注意以下几点：

（1）做好工程接口管理。工程施工组织中，有众多接口转换，不同的结构部位施工场地布置、施工机械与模具配置、专业班组都不尽相同，场地重新布置、人机料进退场等的组织是施工组织过程中的重难点，快速实现接口转换能大大缩短工期。

（2）处理好重点与一般工程的关系。厘清关键线路，集中资源突击重点部位，一般部位同步组织实施。

（3）做好机械设备和劳动力的平衡调度。每一个施工阶段的施工任务，所采用的机械设备，所采用的工种数量和比例都各有不同，在安排施工任务时要统筹兼顾，全面安排，进行综合平衡。在任务量大于生产能力时，为确保设备、劳动力配置的均衡，可采用重点先保、急用先进的方式解决。当任务量小于生产能力时，可以合理安排倒班，充分利用好既有作业面。

（4）要确保工序的连续性。做到下道工序的人、机、料等工作提前到位，等待工序作业。

5. 快速施工、大成本管理的理念

工期就是效益，建筑企业一般都是管理服务型企业，管理人员薪酬、办公

费用、场地租赁费用等刚性开支的节约率很大程度上决定了项目效益的高低。5亿元左右的项目每月固定刚性开支可达到100万余元，工期每缩短1个月就可以创造100余万元的效益，然而要通过其他措施获得相同利润的难度和风险却是很大的。在项目实施过程中，不应计较小投入，不能一味只注重单项成本的降低，重大节点受到影响而造成施工损失的是大成本，要先干后算，边干边算，树立大成本意识。

（1）跑步进场，抢占先机

"万事开头难"，项目进场初期，需要做大量的准备工作，针对线性工程，进场时间提前，抢在其他相邻标段前面，可以提前获得地方政府、业主等相关资源，抢占事故先机，对项目的顺利实施提供良好的保障。

（2）优化施工设计方案

深入研究合同、图纸，对接设计，优化设计施工方案，通过降低施工难度、合理优化工程数量等措施，加快施工进度。

（3）优配项目资源

项目劳务分供商选择必须择优选取，优质优价选择优秀、经验丰富的分供商；项目管理的关键对象在于劳务管理，成也劳务，败也劳务。

管理原则

1. 全生命周期管理原则

建筑工程项目全生命周期是指项目从规划、设计、施工、调试、运行、维护的全过程。全生命周期管理则是从长期效益出发，应用一系列先进的技术手段和管理方法，统筹规划、设计、施工、调试、运行、维护等各环节，在确保规划合理、工程优质、生产安全、运行可靠的前提下，以项目全生命周期的整体最优作为管理目标。它既是一门技术，又是一种管理的理念。

全生命周期管理内容包括对资产、时间、费用、质量、人力资源、沟通、风险、采购的集成管理。通过组织集成将知识、信息集成，将未来运营期的信息向前集成，管理的周期由原来以项目工期为主，转变为以运营期为主的全生命模式，能更全面地考虑项目所面临的机遇和挑战，有利于提高项目价值。全生命周期管理具有宏观预测与全面控制的两大特征，它考虑了从规划设计到废止工程的整个生命周期，避免短期成本行为。同时，从制度上打破部门界限，将规划、基建、运行等不同阶段的成本统筹考虑，以企业总体效益为出发点寻求最佳方案，考虑所有会发生的费用，在合适的可用率和全部费用之间寻求平衡，找出总成本最小的方案。

作为建筑施工企业，必须坚持全生命周期管理的原则，才能与项目业主方在意识上产生共鸣，并在利益上实现互惠共赢，在PPP、EPC等项目模式兴起的今天更是如此。

2. 方案与成本预控的原则

凡事预则立，不预则废，预控是项目管理的重要手段和方法。然而，方案决定成本，方案一旦确定，项目成本下限即基本确定。预控方案可以在技术层面实现预控成本的目的，所以，在项目实施前期，方案一定要确保是最优的，同时，围绕成本管理中心，通过制定合理的施工组织、厉行节约、杜绝浪费等措施，对成本进行预控，使其无限接近方案的最低成本。这是当代建筑企业管理要解决的最核心的管理问题。

（1）方案先行，锁定成本投入

项目进场后，公司技术骨干要认真复核施工图、技术资料，与设计院沟通，推行内外部专家治理，优化项目设计方案，细化实施性施工组织设计，优化施工方案，实现策划与施工方案在技术上可行、经济上合理。方案一旦落地，各层级要严格组织实施，明确目标，细化责任，锁定方案，锁定成本。

（2）定期成本分析，全过程预控

项目实施过程中，环境条件时刻发生着变化，工程地质、材料价格、政策环境、天气、管理水平等因素均对项目成本投入有较大影响。及时分析这些环境因素的变化对成本投入造成的影响，对决策下阶段成本控制策略起着至关重要的作用。定期召开成本分析会，制定下阶段成本控制措施是成本管理的必要环节。只有在每一个环境因素变化的关口，进行科学、正确的决策，才能确保最终成本受控。

3. 责权利对等原则

在管理学里有一个"等边三角形"原则，它就是责权利对等原则。责权利对等原则就是如何要让个体或组织承担一定的责任，就应该赋予其完成责任必需的权力，并给予其与所承担责任对等的利益。只有三者对等统一，形成相互支持、促进，又相互牵制、规范的"等边三角形"，团队建设和工作目标才有可能顺利完成。

责权利三者之间，责任是传导层次，也是关键环节。离开了责任，权力就会落空，当然利益也就丧失了。因而，现代管理理论强调"责任绝对性"。高层管理者分权也好，授权也罢，都要对分权与授权的结果负最终责任。本级管理者当然更要为自己的权力行为负责任。

做到责权利对等，要做到以下几个方面：

（1）根据企业目标及组织架构确定任务目标与岗位职责，据此来选择合适的人才，项目经理是第一责任人，企业应授予一定决策权力；

（2）根据各岗位职责和工作流程为其匹配必需的工作权限；

（3）根据岗位职责，结合公司的行业定位、员工的工作能力、行业的薪酬水平确定员工薪资；

（4）采用责任考核的办法，对员工进行正负激励，通过针对性培训引导员工发展提升，并根据反馈情况对责权利及时进行调整完善，以保持责权利三者的动态平衡。

4.科学、正确决策原则

决策是一种判断,是若干项方案中的选择,只有在科学、正确决策的引导下,才能朝正确的方向成长。

所谓科学、正确的决策,首先要明白大势,了解实情,了解问题的根本所在。科学、正确的决策必须有很强的针对性,要明白问题是什么,根源在哪,怎么样对症下药,这就是科学、正确决策的一个重要原则。其次要抓源头、抓根本、抓主要矛盾,而不是头痛医头、脚痛医脚,治标不治本,最终问题就积重难返。

做到科学、正确决策,可遵循以下几点原则:

(1)科学的决策程序原则

决策过程有其科学的程序和步骤,要实现科学、正确决策,必须遵循其指导原理和行为准则。一般而言,决策前要对决策事项进行充分的调研和分析,收集相关决策依据支撑,而后分析各种决策意见的优劣,充分征求意见后才下定论。对决策意见存在分歧的情况下也可以通过投票表决的方式解决。

(2)可行性原则

可行性原则的基本要求是以辩证唯物主义为指导思想,运用自然科学和社会科学的手段,寻找能达到决策目标的一切方案,并分析这些方案的利弊,以便最后抉择。可行性分析是决策活动的重要环节,掌握可行性原则必须认真研究分析制约因素,包括自然条件的制约和决策本身目标系统的制约。

(3)经济性原则

经济性原则就是研究经济决策所发生的代价和取得收益的关系,研究投入与产出的关系。决策要以经济效益为中心,以较小的投入取得最大的成效。如果一项决策所发生的代价大于所得,那么这项决策是不科学的。

(4)系统性原则

系统性原则,也称为整体性原则,它要求把决策对象视为一个系统,以系统整体目标的优化为准绳,协调系统中各分系统的相互关系,使系统完整、平衡。

因此，决策时应将各个小系统的特性放到大系统的整体中去权衡，以整体系统的总目标来协调各个小系统的目标。

（5）预测性原则

预测是决策的前提和依据。预测是由过去和现在的已知，运用各种知识和科学手段来推知未来的未知。科学决策，必须用科学的预见来克服没有科学根据的主观臆测，防止盲目决策。决策的正确与否，取决于对未来后果判断的正确程度，不知道行动后果如何，常常造成决策失误。所以，领导决策必须遵循预测性原则。

05

策划

施工组织策划

项目施工组织策划是由企业层面组织实施，指在施工前针对项目施工及管理所进行的预先谋划，旨在厘清项目管理方针、管理路径，实现项目管理目标。做好项目施工组织策划并有效实施，既是项目履约的重要保证，同时也是提升企业盈利水平的有效途径。

前期策划组织工作
现场组织策划
设计、施工方案策划
商务成本策划
资金管控策划
重大节点策划
策划执行与评估

工程履约

Contract Performance Management
of Construction Enterprises

前期策划组织工作

1. 前期策划依据

施工项目开始策划前，应收集策划相关支撑资料，主要包括：

（1）合同规定：招标文件、合同文件、重大变更洽商、备忘录、业主及相关方的要求等。

（2）项目施工设计相关文件。

（3）法规要求：包括工程质量验收标准、工程施工技术规范、工程施工安全技术规范等标准规范。

（4）公司运营管控标准化丛书、公司的质量、环境、职业健康安全管理体系及成本、资金管理要求，企业资源状况、条件、有价值的历史数据，其他适应项目策划管理的规定。

（5）现场踏勘情况、工程情况与特点。

2. 前期策划主要内容

（1）项目目标策划

由企业牵头组织，根据项目战略定位、规模、实施条件等制定与项目实际相匹配的各项管理目标，包括工程进度、安全、质量、成本、资金、党建、创优、创效、创奖、人才培养等全方位的管理目标。项目目标是企业各职能部门、项目部执行的纲领。

（2）项目实施策划

由企业组织各线条人员制定，项目班子人员参加，制定项目各实施阶段的详细策划，项目管理策划共包括四个部分：现场组织策划、施工方案策划、商务成本策划、资金管控策划。项目实施策划是项目部实施项目管理的计划性文本。

（3）签订项目部责任书

由企业制定，是明确项目部的职能权限，项目部必须完成各项目标、指标的指令性文件。项目部责任书中，应明确项目履约、效益、创优创奖、人才培养等管理目标，项目部责任书作为对项目团队业绩的考核依据。

3. 前期策划分级管理

（1）前期策划分级管理

对于小型项目，应由各分公司（区域公司）主要领导牵头，组织各职能部门、项目主要管理人员对项目策划进行评审，形成正式的项目策划文件。

对于大型项目，应由各公司主要领导牵头，组织公司各职能部门、分公司相关人员、项目主要管理人员对项目策划进行评审，形成正式的项目策划文件。

对于特大型项目或工期紧、难度大、标准高的重难点项目，应由集团（局）分管领导牵头，组织相关部门、公司、分公司相关人员及项目主要管理人员对项目策划进行评审，形成正式的项目策划文件。

（2）前期策划组织流程

1）策划预备会与项目策划编制

工程中标后，施工进场前，由策划牵头单位组织，召开项目策划编制预备会。预备会上，由牵头单位领导、相关部门、拟派项目班子人员、营销、投标、商务等人员对参会人员进行交底，同时，明确项目目标、策划要点、责任分工、责任人员及完成时限。策划牵头单位根据会议要求组织进行项目策划。

2）项目策划评审

项目策划完成后，组织召开评审会，集中讨论形成修正意见，评审完成后报上级单位审批或备案。

现场组织策划

现场组织策划主要包括项目组织管理体系建设和现场临时设施策划。

项目组织管理体系建设主要明确项目部、工区的组织机构和岗位配备，以及项目对劳务队、专业分包单位等的管理模式。

现场临时设施策划主要以大型临时工程为重点，主要包括CI策划、项目驻地建设、施工便道修建、混凝土拌合站、桥梁预制场、钢筋加工场、弃土场选址等。

05 策划

施工组织策划

1. 项目管理团队策划

项目管理团队策划主要依据为：工程类别、项目规模及体量、施工内容及难度、质量及工期进度、项目管理定位、材料设备供应情况、资金情况、周边社会关系、公司管理体系及人力资源现状等。

应有清晰的项目组织机构图，根据项目规模，可设总承包部、项目经理部、项目部、工区等管理层级。明确项目各级班子成员，各管理部门设置和管理人员配备合理、职责分明，且符合集团（局）人力资源管理相关规定。

应适应项目不同施工阶段的现场特点和管理要求，动态调整项目管理机构以及人员的岗位职责和工作内容。

2. 项目概况调查

（1）工程概况调查

主要内容包括：工程基本情况、现场基本情况、重点及难点分析和主要风险评估。

工程基本情况包括：工程建设概况，地形、地貌、地质特征，水文与气象概况，设计标准，工程结构概况和主要工程数量。

现场基本情况应包括施工场地及周边地形、道路及交通、电源、水源、排污、原有建筑高度及距离等。

（2）施工合同概况调查

主要内容包括：合同基本条件、合同计价情况。

合同基本条件包括：合同施工范围及内容划分、合同工期节点目标、合同管理目标及奖惩规定、合同各方管理职责及权限、主要材料、设备供应方式等。

合同计价情况包括：图纸主要指标（图算量）、合同计价标准、投标预期利润、合同付款方式/条件（包括甲指专业分包工程付款）、预付款、保证金、保修金相关约定等。

（3）相关方概况调查

主要内容包括：建设方概况、监理方概况、设计方概况、其他相关方情况。

建设方概况包括建设方组织机构图、建设方项目组织分工,对于政府公建项目以及类似代建、BT/BOT、EPC、PPP 等模式的项目,应根据其运营模式描述清楚直接发包方上游的管理关系和关键人物。

监理方、设计方概况包括监理方、设计方的项目管理组织机构图以及现场关键人员配置情况。

对于建设方、监理方、设计方的关键人物,应了解其性格、喜好、专业素养情况,对我单位的认可度、支持度等。

其他相关方指对项目运行有重大影响的如审计方、财评中心、行政主管部门以及社区等。

3. CI 策划方案

(1)CI 策划主要内容

CI 策划的主要内容包括:

1)办公区的围墙、大门、门卫、停车场、旗台、会议室、办公室等场所的 CI 布置。

2)生活区的围墙、大门、门卫、宿舍、食堂等场所的 CI 布置。

3)施工区的围墙、大门、门卫、加工棚、塔式起重机、配电箱等场所的 CI 布置。

(2)CI 策划的基本要求和做法

按照行业、地方、企业标准执行,明确各类 CI 的基本要求和做法。

(3)CI 设施费用原则

按照各单位对项目 CI 设施费用控制标准和摊销原则,根据项目定位制定相应的控制标准、费用计划、摊销原则。

4. 现场临建方案

(1)主要内容

包括项目部办公区临建方案、生活区临建方案、施工区临建方案、办公及生活设施配置方案。

(2)现场临建方案布置总则

1)在业主预留地或指定地点布置临建时,事先必须征得业主或监理书面确认。

2）施工周期较长、风险较大、预计可能顺延工期的项目，实行整体规划、分步实施的原则。

3）根据经济适用、适度从紧、原地貌布置及多绿化少硬化的原则，确定临建布置方案。

4）办公区、生活区、施工区彼此之间设置隔离设施；办公区与管理人员生活区布置在一起的，二者之间不设隔离。

（3）办公区临建方案

1）主要策划内容

包括办公区的平面布置、办公室及会议室的布置、卫生间布置、门卫室布置、停车场布置、围墙布置及场地绿化等工作内容。

2）确定办公室、会议室标准及数量：

①根据项目部组织机构及职责确定办公室的组合方式及数量；

②根据合同中对总包方提供业主、设计、监理方的临建约定，确定业主、设计、监理方的办公室数量；

③根据分包方式及分包方的临建安排情况确定分包方办公室的数量；

④根据总包合同要求及总包方、业主、监理、分包方召开监理例会的人数，确定会议室的大小，并综合考虑是否设置小型会议室。

3）办公区临建现场情况

了解办公区临建所在场地的地形、场地尺寸、给水、排水、供电等内容。

4）办公区临建方案确定

确定办公区临建平面布置方案，编制平面布置图。

（4）生活区临建方案

1）主要策划内容

主要包括生活区平面布置、宿舍及进城务工人员学校的布置、食堂及就餐区布置、卫生间及洗漱间布置、门卫室布置、停车场及球场布置、围墙布置及场地绿化等。

2）平面布置原则

如场地允许，管理人员生活区与办公区尽量设置在一起，并按办公区靠前、生活区靠后的平面布置原则设置。

3）管理人员生活区的策划

①根据项目部组织机构及职责确定管理人员宿舍数量。

②根据合同中对总包方提供业主、设计、监理方的临建约定,确定业主、设计、监理方的宿舍数量。

③管理人员生活区临建方案的确定:确定管理人员生活区临建平面布置方案,编制平面布置图。

4）作业人员生活区策划

①根据施工部署、工程量、施工面积、工期等因素确定作业人员数量,再根据当地政府部门对作业人员宿舍面积的规定,结合实际情况确定作业人员宿舍数量和作业人员宿舍临建方案。

②根据分包方案确定作业人员食堂设置方案及平面布置。

③根据规定确定作业人员洗漱间、卫生间的配置方案。

④作业人员生活区临建方案的确定:确定作业人员生活区临建平面布置方案,编制平面布置图。

（5）办公、生活设备配置方案

1）办公设施配置计划

包括办公区的采暖及空调布置、办公桌椅、会议桌椅、沙发、茶几、文件柜、电视机、复印机、打印机、电话、照相机、网络及监控设备、投影设备等配置情况。

2）生活设施配置计划

包括生活区的厨房设备、洗衣机、洗浴设备等配置情况。

3）根据合同中对总包方提供业主、设计、监理方的临建约定,确定业主、设计、监理方的办公、生活设施方案。

4）形成《现场临建配置计划（预算）表》《办公区平面布置图》《生活区平面布置图》《施工区临建方案》《办公、生活设施配置工作计划表》《临建场地及设施外租计划（预算）表》。

（6）施工区临建方案

根据施工区平面布置、分包方案、施工区段划分等内容确定施工区临建方案,编制平面布置图。

1）主要策划内容

主要包括施工现场的平面布置、现场值班室及卫生间、移动厕所、围墙及大门、安全围护、道路及场地硬化、原材料及半成品堆场、周转材料堆场、库房、试验室、炸药库、标养室、加工棚、垂直运输机械、混凝土输送泵、洗车槽等平面布置情况。

2）平面图编制要求

应根据施工不同阶段分阶段进行施工区平面布置及场内交通布置，并绘制施工区平面布置图，必要时，根据合同节点要求增加平面布置图。

（7）临水临电方案

1）主要策划主要内容

主要包括办公区、生活区及施工现场的临水临电设施的配置、临时用电平面布置、现场给水排水平面布置。

2）主要编制依据

临水临电方案主要编制依据包括：甲方提供的施工图纸、电源、水源；平面布置、施工部署、主要施工方法；《施工现场临时用电安全技术规范》JGJ 46—2005；《建筑施工安全检查标准》JGJ 59—2011 及国家相关标准规范。

3）主要策划原则

①临水临电方案必须综合考虑平面布置、施工部署、主要施工方法、地质条件及分包工程的要求，确保主线路一次到位（包括预留回路或接口），避免二次敷设。临电临水系统必须满足安全技术规范的相关要求，遵循环境保护的相关规定，相关方案的内容和编审应遵循国家、地方以及本企业相关制度和标准要求。

②临水临电配置计划应对水电设施名称、规格/型号、配置数量、使用时间以及来源作出详细描述，同时遵循合理选型、适当从紧、循环使用的原则。部分水电设施外租单独编制计划和预算，经上一级单位负责人审批后方可实施。

4）临时水电方案确定

①确定用电负荷及用水量：根据施工区平面布置、施工部署、主要施工方法等确定施工用电负荷及用水量；根据办公区和生活区平面布置确定生活区用电负荷及用水量。

②根据电源及水源情况、平面布置、施工部署、主要施工方法、主要设备用电负荷及用水量等，确定管路、线路和配电箱布置。

③根据线路负荷、施工周期、资金及库存情况，确定电缆品种及电缆、配电箱、临水材料设备采购方案。

④绘制临时水电平面布置图（《临时用电平面布置图》《现场给水排水平面布置图》）。

⑤编制临水、临电计算书及方案（包含《临水临电配置计划（预算）表》《水电设施外租计划（预算）表》）。实施前必须编制临水临电实施费用预算，严格控制现场临建费用，按照"简约、经济、实用"的原则进行现场策划。

设计、施工方案策划

设计、施工方案策划主要包括：施工总体部署、重难点工程分析、施工平面布置、设计交底和图纸会审计划、主要施工技术方案选择和编制计划、机械设备配置方案、周转材料配置、施工总进度计划及附图附表等。

1. 施工总体部署

在保证质量和安全的前提下，科学划分平行作业段和施工区，合理安排工序穿插，充分发挥施工生产能力和设备使用效率，切实保障合同进度履约。要重点考虑重点结构物、工程周转材料、模具、机械设施和劳动力的合理调配，提高项目的综合效益。

（1）策划主要内容

主要内容包括：施工部署、总进度计划、重要节点控制计划。

（2）施工部署依据

施工合同、项目规模及体量、施工内容及难度、关键工序及关键线路、现场情况、节假日、季节性施工、设备配置、资源组织等。

（3）施工部署原则

1）按照专业工程的特点，分阶段对主要施工内容进行部署策划，如：

05 策划
施工组织策划

①基础工程：临时支护、土方开挖及基础结构施工部署。

②主体工程：爆破工程、隧道工程、桥梁工程、其他混凝土结构及钢筋混凝土施工部署。

③附属工程：防护工程、机电安装、装饰等施工部署。

④收尾工程：管网、标志、绿化施工部署。

2）确保施工合同对总进度计划、重要节点控制计划的要求。

3）确保专业进度计划满足总进度计划和重要节点控制计划的要求。

4）确定关键工序和关键线路，编制总进度计划和重要结构物的节点控制计划网络图（双代号或横道图）。

（4）施工区平面布置

1）策划主要内容

包括施工场地接收、施工区总平面布置。施工区总平面布置包括：施工道路、场地硬化、材料堆放场、加工棚（钢筋、木工）、拌合站、制梁厂、炸药库、试验室、运输设备（架桥机、运输车辆、提升机等）、混凝土输送泵、库房、临时办公室等布置工作。

2）施工区总平面布置原则

按照工程的专业特点，根据施工的不同阶段（如土方与基础、主体、装饰、市政及收尾等），分阶段进行施工区平面布置。

3）场地接收计划

制订场地接收工作交接计划，内容包括水准点、导线点、红线图、断面测量、施工道路、水源、电源、地下管线等，明确交接基本要求及时间。生产场地及设施采用外租方式时，必须做出详细说明并编制预算计划，经上一级单位负责人审批后方可实施。

2. 设计交底、图纸会审策划

（1）策划主要内容

主要内容包括：施工图内部预审、设计交底和图纸会审、项目深化设计。

（2）内部图纸预审策划

内部图纸会审由项目总工组织相关人员（含分供方单位）进行，形成内部图纸会审记录，作为正式会审的准备资料。按照施工进度计划和分部分项划分，制订好施工图内部预审计划，施工图内审计划要做好内部分工，明确具体责任人和重点工作内容。

（3）设计交底及图纸会审策划

一般分专业进行，由建设单位组织，设计单位向施工单位就设计意图、施工工艺、技术要求、注意事项等介绍和交底，解答有关问题。设计交底和图纸会审计划要明确会审图纸内容、图纸提供时间、会审计划时间、参加人员等。分阶段提供施工图的项目，应根据进度计划确定施工图提供时间。按照施工进度计划和分部分项划分，制定好设计交底及图纸会审计划。

（4）项目深化设计策划

基本要求：明确深化设计内容、完成时间、责任人，通过深化或优化设计，达到完善使用功能、方便施工、加快进度或缩短工期、降低成本等目的，除自身施工的内容外，专业分包的相关内容也应纳入计划。按照施工进度计划和分部分项划分，制订好项目深化设计计划。

3. 工程特点及重难点工程分析

工程特点主要分析路、桥、隧所占比重，征地拆迁的难易和经过的街道、村镇情况，桥梁预制场地的设定、数量及运架通道的情况分析，隧道弃碴场地的选择，水电资源的短缺程度及当地环境保护的要求等。

重难点工程主要分析大型土石方开挖、高路堤填筑，特大桥及异型桥梁施工，长大隧道及地质条件复杂的隧道开挖、支护，线路穿跨越铁路、高速公路、城市主干道等，针对分析的重难点工程，要采取特殊措施进行预控。

4. 主要施工方案编制策划

（1）主要策划内容

主要施工方案编制策划包括专项技术施工方案、专项安全施工方案的编制计划及项目新技术开发与应用计划。

（2）主要施工方法的选择

1）主要施工方法的选择必须充分考虑工程特点及工期、质量、安全、成本等因素，遵循合理优化的原则，注重经济技术分析。项目主要施工方案编制工作计划应确定所需编制的施工方案（专项技术施工方案、专项安全施工方案）的范围，明确各级编制、审批责任人和完成时间、交底安排等。

2）主要施工方案的编制、审批工作必须严格执行国家、企业相关规定。要重点关注危险性较大的和超过一定规模的危险性较大的分部分项工程的方案管理，重视专家论证工作。

3）主要施工方案编制工作计划应充分考虑专业分包工程的相关内容，同时根据现场条件变化以及工程变更等情况在施工过程中不断完善。

4）应按照企业规定的相关流程和内容要求，制定项目新技术开发与应用计划。

5. 分供方采购方案策划

（1）主要策划内容

主要内容包括：总包自行施工工程的劳务分包、专业分包策划（分包方式、进场计划）；甲指专业分包、重大设备采购分包策划（进场计划）。

（2）主要分供方的选择

1）根据工程规模、特点、施工内容及难度、质量及工期进度、项目管理定位、资金情况、周边社会关系、资源组织、风险评估等情况，确定自行施工工程的分包方式。根据进度计划和施工部署，确定分包方进场计划。

2）自行分包工程分包方案和进场计划表应明确分包方式、招标开始及完成时间、分包进场时间等。

3）甲指分包工程、重大设备采购进场计划应明确专业分包和设备最迟进场时间、最迟完成时间、调试完成最迟时间、专项验收完成时间。

6. 物资采购方案策划

（1）主要策划内容

主要内容包括：工程主要耗材的采购方式和进场计划。其中，工程主要耗材指构成工程实体的钢筋、商品混凝土、砌块、砂石、水泥、钢结构、炸药、防水材料、大宗材料等。

（2）物资采购方案的选择

1）根据施工合同、分包方式、工作量大小、风险评估等，确定物资材料的供应方式。

2）自行采购物资进场计划应明确规格／型号、估算数量、采购方式（自行采购、租赁、分包方采购等）、采购单位（公司、项目部、分包商等）以及进场时间要求等。

3）甲供、甲控材料进场计划应明确材料规格／型号、数量和进场批次要求、预计进场时间和完成时间等，且应及早提交发包方、监理方。

7. 周转材料采购方案策划

周转材料包括：模架支撑构件（包括钢管、扣件、碗扣式脚手架等）、模板（包括定型模、大模板、提升模、隧道台车等）、临时支垫材料（包括木方、枕木等）、爬（挂）架、高空作业平台、支撑工字钢（或槽钢）、钢便桥等。

（1）主要策划内容

主要策划内容包括周转材料投入部署计划（即配置方案）。

（2）周转材料采购方案的选择

1）根据进度计划、施工部署确定周转材料的投入部署计划（即配置方案）；根据分供方采购方案、风险评估确定周转材料的供应方式。

2）周转材料采购工作计划应明确规格／型号、数量批次、提供方式（自行采购或加工、租赁、分包方提供等）、采购或加工单位（公司、项目部、分包商等）以及进场时间要求等。

3）建议定型钢模、隧道台车、制梁模具原则上由项目部列入成本，公司或区域统一调拨，其他租赁周转材料由公司计列。

8. 主要施工机械设备方案

（1）主要策划内容

主要内容包括：自行施工及分包工程的施工机械设备配置。

（2）主要施工机械设备的选择

1）根据分包方采购方案、施工部署、平面布置、主要施工方案、施工合同约定（配合专业分包要求）等因素，确定施工机械设备的规格／型号、数量、进出场时间，同一规格／型号不同进出场时间的设备必须分别编制。

2）对项目质量、进度、安全、成本等存在重大影响的机械设备（如运架梁、拌合机、混凝土运输罐车、塔式起重机、人货电梯、混凝土输送泵等），应进行经济技术分析和技术能力验算。

3）主要施工设备配置计划除考虑总包方相关设备外，对分包方主要施工设备也应同步考虑。计划明确设备的规格／型号、配置数量、提供方式（自有、外购、租赁、分包方提供等）、提供单位（公司、项目部、分包商等）以及进场时间和退场时间等。

4）施工监测设备主要指 A、B 类计量器具，应根据工程规模、性质、特点、施工内容及难度、工期进度、分包方式等内容，确定其规格／型号、配置数量、提供方式（自有、外购、租赁、分包方提供等）、提供单位（公司、项目部、分包商等）以及进场时间和退场时间等。

商务成本策划

项目商务成本管理重点费用有五个主项：人工费、机械费、材料费、周转材料费和现场经费，是现场实际管控的重点。

项目商务成本策划一般包括项目自定目标成本明细、项目成本管理特点难点分析、项目风险与主要盈亏点分析、预计采取的降本增效措施、将达到的降本增效目标、实现目标的责任中心费用分解等主要内容，并逐步增加现金流、合同风险、结算等策划内容。

1. 投标报价分析

主要内容包括：基本下浮分析、分项包干分析、甲指内容分析和投标报价预期利润分析。对于采用为清单报价的项目，还需对重点子目进行盈亏分析。

2. 变更补差增效（开源点）策划

结合工程实际情况，对合同约定中有关工期签证、经济签证、材料认质认价签证、索赔的合同条款内容进行分析，主要从改善主合同条件、争取变更、把握材料认价等方面着手进开源点策划。可量化的开源点尽量做到数据化，施工过程中逐步补充调整策划。充分了解现场地质地貌争取结构变更，以双赢的理念争取变更，对比材料优劣比选争取变更，从着眼业主关心的质量与安全争取变更，深挖设计漏洞促成变更。变更策划前要注意信息的收集，提前了解功能变更需求，多与业主、设计院沟通。

3. 成本节流策划

（1）主要节流点策划

主要从技术措施、组织措施及资金措施等进行节流策划。

（2）风险防范策划

主要内容包括：工期风险、质量风险、安全风险、固定成本风险、市场风险、周边环境风险及人员变动风险等。

4. 成本测算

（1）成本测算原则

对于投标阶段的成本管理，主要是进行成本测算，以确定投标报价。成本测算是一项具体而系统的工作，要根据施工现场踏勘，结合工程的特点，确定工艺流程、选用合适的施工技术措施、制定合理的施工组织措施、进行机具的配置、工种结构和人员的选配；根据招标文件确定材料到场的实际价格；根据工程所在地与现驻地的远近，计算人员机械调遣和现场管理费用；根据项目工期要求计算工程总体施工费用；在此基础上，确定各类税金、计算投标费用、预计保修服务费，从而测出工程的直接支出，并以此作为投标的最低底价。

项目中标后，应及时组织人员对项目成本进行细化测算，以确定目标成本，作为施工过程控制的依据。测算每道工序（单元）应消耗的时间、投入的劳力、材料、机械等生产要素，进行成本倒逼，优化施工组织设计方案，并依据优化的施工组织设计方案，客观、公正、合理地确定工序单价和该项目的目标成本，以便指导施工和进行成本的有效控制。

施工过程中的成本管理主要是各项费用的控制和成本分析。包括：人工费控制；材料费控制；机械费控制；非生产性行政费用控制。

工程结算阶段，重点要做好工程验收后的结算和工程款的回收工作，要做好工程技术资料的收集、整理、汇总、归档，及时办理竣工决算，以明确债权、债务关系。同时应指定专人负责与业主方联系，力争尽快回笼资金。

（2）成本测算主要内容

主要内容包括：劳务费、材料费、机械费、分包工程、外架系统及支模系统、临设费用、间接费及其他费用的计取原则。

劳务费的成本单价编制依据为建筑劳务市场价格及公司其他项目已采用的价格；辅助用工人数及工期以进度计划为依据；零星用工按日计取。

材料费主要是说明材料损耗和材料价格的计取原则。

机械费要说明设备的投入数量与进出场时间，以及机上人员的配置。

分包工程要说明询价情况与成本暂列情况。

外架系统及支模系统要说明外架系统及支模系统的搭设方式、模板系统的配置方式与层数等。

临设费用要说明临设的配置方式，是搭设还是租赁；针对可周转的部分说明总投入、残值计取的原则及策划中本项目摊入的成本（原则上临设费用要求控制在土建造价的1%以内；否则，须报企业分管领导特批，超过1.5%还须报企业主要领导特批）。

间接费要说明管理人员的配置情况。

（3）目标成本确定

要做好项目成本管控必须有效实施项目岗位成本中心费用责任制，根据不同的管理层次，要逐级分解下达任务，明确制定各个层次的考核指标。要本着先进、合理的原则实行成本倒算，所下达的指标必须在相应层次的可控范围内。

根据项目策划目标与成本测算情况，明确项目部的总体成本考核目标。根据项目部的具体组织架构和分工情况，明确各责任中心成本目标，并确定奖罚标准，由项目经理向项目各责任中心下达，各责任中心责任人签字确认，经公司审核签字报公司审查备案后生效。考核指标下达后，要制定配套的考核制度，将各个层次的责、权、利加以明确。在考核过程中应当数据准确、核算细化、奖罚分明，维护考核制度的严肃性。

资金管控策划

1. 资金管控策划主要内容

资金管控主要涉及项目机构设置及预计现场经费金额，临时设施预计支出及残值回收情况，支付给业主的履约保证金、交纳政府部门规费以及支付工程保险费、保函手续费的情况，项目预计总收入、预计总成本情况，其他需要说明的情况。资金管控策划主要包括以下几方面内容：项目主合同付款条款分析；资源组织资金管控策划；项目资金策划节点的确定；项目资金风险识别与控制；现金流量最大化方案；项目资金缺口的应对措施。

2. 项目主合同付款条款分析

主要分析项目合同总价款及项目主合同中关于工程款（含预付款及保修金）支付的主要条款。

3. 资源组织资金管控策划

资源组织资金管控策划主要包括劳动力资源组织、机械设备资源组织、专业分包资源组织和材料采购资源组织等方面的履约保证、付款方式、支付节点等内容进行策划。

（1）劳动力资源组织主要针对项目劳务拟采用方式及劳务的履约保证、付款方式等内容进行策划。

（2）机械设备资源组织主要针对项目机械设备拟采用的解决方式及其付款方式进行策划。

（3）专业分包资源组织一般由分公司（或公司）统一组织招标，招标管理按公司有关规定执行，主要针对项目专业分包方履约保证、付款方式等内容进行策划；对于业主指定分包部分，履约保证以及付款方式按主合同执行。

（4）材料采购资源组织主要针对项目消耗主材（如水泥、商品混凝土、钢材等）的供应方式及其付款方式进行策划。

4. 项目资金节点策划

应依据项目合同工期、计划工期、工期过程控制目标以及施工策划、商务策划确定资金节点计划。资金节点确定按以下几种原则进行：

（1）形象节点原则：即以工程形象节点作为资金策划的过程节点，这样有利于减少计算量。

（2）收款节点原则：即业主如果以工程形象节点进行工程进度款的支付，则应以达到支付条件的形象节点作为资金策划的节点。

（3）大额支付节点原则：根据与各供方签订的合同安排结合春节、端午、中秋节、五一劳动节、国庆节等节日安排。

5. 项目现金余缺应对方案策划

（1）现金流量最大化方案

项目现金流量最大化可以通过以下几个方面进行策划：

1）通过商务策划手段和技术方案优选实现项目利润最大化，从而达到减少资金支付压力的目的。

2）选择有实力分供方，合理组装社会资源，通过收取履约、安全保证金方式，充分利用社会闲散资金。

3）适当加快施工进度，尽快形成有效产值，加快资金周转。

4）根据项目资金策划，确定出现最大负流量的时间段，项目在签订劳务、分包、材料采购合同时综合考虑履约成本与财务成本，降低付款比例，同时积极与劳务沟通，争取在此一时间段尽可能减少支付规模，降低支付压力。

5）项目实施过程中，如部分月份有现金结余，可交由分公司统筹使用；同时，如部分月份有资金缺口，亦可由分公司暂时解决部分资金缺口。

（6）项目竣工后，通过以保修保函置换现金保修金，可以提前回收资金。

（2）项目资金缺口的应对措施

针对"项目现金流量表"中各节点预计可能出现的资金缺口进行前瞻规划，重点针对现金流低于当期项目利润或本节点为负流的情况制定应对措施，具体要求是：

1）应对措施要求具体针对某一节点，不能泛泛而谈。

2）应对措施要有具体的操作过程和执行人员。

3）应对措施要切实可行，比较复杂的措施要进行可行性分析。

4）对于风险比较大的应对措施要进行风险分析。

5）必须注明应对措施对现金净流量的影响数。

6. 项目资金风险识别与控制

分析项目实际资金管理过程中存在的主要风险，以及对风险的相应控制措施，以期充分发挥项目资金策划的作用，达到预期的效果。

重大节点策划

重大节点包括控制性单位工程节点、里程碑分部工程节点、年度工程节点等。根据合同规定，包括招标文件、合同文件、重大变更洽商、业主及相关方的要求等，确定里程碑节点、控制性单位工程节点和总工期节点。根据总进度计划、年度进度计划、月度进度计划、重要工程专项进度计划，确定控制性单位工程节点、年度工程节点等。

根据合同工期要求，建立工期节点管控程序，编制进度计划，加强施工进度管控，设置进度预警，形成节点管理记录；确保业主要求的工期，提前1~2个月工期以上。

1. 节点管控程序

根据项目特征制定节点管控程序如图5-1所示。

05 策划
施工组织策划

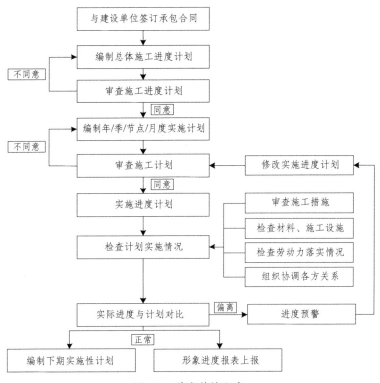

图 5-1 节点管控程序

2. 节点计划编制

（1）编制控制性进度计划

项目部依据施工合同和投标方案、施工组织设计、项目实施策划书等文件要求，细化控制性进度计划，编制施工总进度计划、主要节点控制计划、月度进度计划，报经企业、监理单位、建设方批准。

（2）编制作业性进度计划

项目部应按控制性进度计划要求，编制作业性进度计划：周进度计划、重要节点进度计划，并将计划落实到各专业或工区。

（3）审核分包商进度计划

项目部应要求各分包商提交符合工程总进度计划和控制性计划的总进度计划、节点控制计划、月度进度计划，报项目部审批后执行。

3. 节点进度管控

（1）每月（周）末，项目部应根据控制性进度计划的要求和甲方、监理对进度的要求，以及上月（周）生产与进度完成情况，组织项目生产管理人员召开专题会议，通报上月（周）生产与进度完成情况，讨论决定下月（周）生产与进度要求，形成初步的下月（周）作业性进度计划。

（2）每月（周）末，项目部应组织召开包括各分包单位、劳务队伍参加的工程例会，通报当前施工进度完成情况，提出下月（周）作业性进度计划，协调现场施工环境、劳动力、机械等资源条件，解决各分包单位、劳务队伍提出的需要协调解决的问题，进而形成正式的下月（周）作业性进度计划，明确控制要求及措施，以及相关部门及人员的协作，以会议纪要的形式约束施工各方共同遵守，如有需要报建设方批准。

（3）项目部应对现场工程进度进行信息化管理和形象管理，对施工进度信息在综合项目管理系统中及时填报和更新，并在现场办公室适当显眼位置对进度计划进行张贴和维护。

（4）现场管理工程师应严格监督各分包商（劳务队伍）落实进度计划，并有效利用奖惩手段，促进分包进度管理。

4. 节点进度预警

项目经理部应对照进度计划，对照节点进度计划进行统计、分析，对项目现场进度情况进行监控，如施工进度出现延误，按照表5-1的标准对项目进度情况进行归类，并发出进度管理预警信号。

节点进度预警划分 表 5-1

序号	计划类型	正常延误	一般延误	严重延误
1	总进度计划	10 天	11～29 天	30 天以上
2	阶段性进度计划	7 天	8～14 天	15 天以上
3	月度进度计划	3 天	4～6 天	7 天以上
4	重要节点计划	1 天	2～4 天	5 天以上

策划执行与评估

1. 策划执行

（1）策划执行

公司、分公司负责组织落实项目目标策划文件中相关内容和要求，组织和配备相关资源，监督、检查和指导项目实现策划目标。

项目部是项目实施策划的执行主体，负责对项目资源进行有效组织和有序调配，按计划确保的节点完成相应工作任务。

（2）策划修正

项目目标策划和实施策划执行过程中，因外部条件变化的，可适当对有关内容进行修正，修正后的策划文件经原审批单位批准后执行。

每半年对项目策划文件进行梳理，分析项目实际运营管控情况是否按策划的要求有效执行，与策划发生偏离的，应及时研究制定相应措施进行纠偏。

（3）策划监督

各级策划单位应对其负责的项目策划执行情况进行监督与检查，跟踪策划的执行落实情况。发现问题，应及时责令有关单位限时整改。

2. 策划评估

项目实施策划审批完成后，项目部应严格按照策划书的要求进行施工，严禁随意修改策划书制定的施工步骤和要求。对于确属实际情况发生重大变化，需要进行修改的，项目部必须通过书面的形式进行申请，在经过原审批程序审批后，方可进行修改，修改申请作为策划书的附件存档备查。在项目实施过程中，项目部应定期对计划进行分析评审、修改完善。

06 实施

施工组织实施

项目实施阶段，项目经理部应根据企业策划要求，组织相关资源开展施工生产活动。履约管理应以工期节点管控为主线，以履约问题解决为导向，以资源要素配置为抓手，以管理责任的界定和划分为根本，实现社会效益、经济效益的最大化。

工期节点管控

履约管理问题库

资源要素管理

履约管理职责与责任划分

工程履约

Contract Performance Management

of Construction Enterprises

工期节点管控

1. 节点预警管理体系及机制

（1）分级体系

节点预警体系以项目策划中明确的相关节点为依据，实施分集团（局）、公司、分公司三级预警。预警等级根据节点重要程度、滞后天数、影响程度等综合确定。

对重大工期节点、滞后天数多的节点以及影响程度大的节点，实施局级预警。

对重要节点、滞后天数稍为超出可控范围、影响程度一般的节点，实施公司级预警。

一般性节点、滞后天数较少、影响程度低的节点，实施分公司级预警。

针对相关方工期节点投诉，根据投诉情况实施预警。

（2）预警响应

节点预警管理是一个连续的、动态管理的过程。在施工计划执行过程中，集团（局）、公司、分公司工程管理部门通过不断分析工期节点报表数据、跟踪检查项目实际进展，比较实际值与计划值之间的偏差并分析原因及影响，对照分级预警体系相关要求启动相应级别预警。

1）项目部对照节点计划实施"按日控制，按周、月检查"的原则控制和上报，每月组织全面的进度检查，分析偏差情况。

2）分公司每周全面梳理所辖项目节点执行情况，按项目明确专人负责，跟踪节点进度情况，对节点滞后进行预警响应，并根据管理规定进行现场督导纠偏。

3）公司根据项目、分公司上报的节点执行情况进行核实，重点核查重大节点执行情况，每月通报节点完成情况，对节点滞后进行预警响应，并根据管理规定进行现场督导纠偏。对不按要求实施的项目或个人予以追责。

4）集团（局）根据公司上报的节点执行情况进行核实，重点核查重难点项目的重大节点执行情况，每季度通报节点完成情况。对节点滞后进行预警响应，并根据管理规定进行现场督导纠偏。

5）因进度、产值或重大节点滞后造成严重不良影响的投诉，根据投诉严重程度分为一般、较大、严重、特别严重投诉。对于一般性投诉，所属公司负责处理投诉事项的负责人应在36小时内赶往现场；对于较大及以上投诉，应在24小时内赶赴现场，因特殊原因无法到达现场的，应报集团（局）工程管理部门说明原因，经同意后与投诉方主要负责人取得联系和认可。针对投诉问题，根据投诉类别启动相应级别响应。

2.分级履约督导

为保障节点工期目标的顺利完成，综合产值完成情况、质量安全情况对项目实施分级履约督导，及时解决项目施工过程中存在的问题，促进工期节点的全面实现。

根据项目战略定位、项目实施难度对集团（局）基础设施项目实施三级督导，其中一级督导项目为集团（局）战略客户项目和以集团（局）名义承接的重难点项目。二级督导项目为规模和实施难度相对较大的项目，其余项目为三级督导项目，分级名单每半年滚动更新一次。

（1）集团（局）级督导

集团（局）对一级督导项目实施重点督导，全面关注项目的生产进度、安全质量、文明施工等情况，每月根据项目进展，进行现场督导并发布督导通报；对二级督导项目实施协助督导管理，重点关注项目主要节点和产值，每季度通报完成情况；对三级督导项目实施监督管理，重点关注项目产值完成情况，结合半年工作检查进行通报。

（2）公司级督导

各公司应根据实际情况确定各自的重点督导项目，一级、二级督导项目必须制定重点项目督导计划，明确责任人，加强对项目的过程检查和指导，其中一级督导项目每月督导不少于1次，二级督导项目每季度不少于2次，三级督导项目每半年不少于3次。督导过程中应留置相应督导纪要或检查、整改记录，形成管理痕迹，将在半年生产线检查时检查督导情况及督导效果，并将检查结果纳入公司管理评价。

履约管理问题库

1. 履约风险管理

1）前期风险

①项目投标时，对项目认识不深入，投标决策失误或合同签订不合理导致项目履约存在隐患。

②在前期工作中如项目资本金不到位、设计方案未稳定、项目手续未完善等因素的影响下，导致前期工作面迟迟打不开，后期加大投入赶工期，工期和成本压力较大。

2）施工过程风险

①外部环境风险

在工程建设过程中，施工客观存在地质条件差，周边环境复杂，同时项目对周边环境认识程度不够，施工组织、技术措施不到位，施工过程不可控，导致产生履约问题。

②内部施工管理风险

A. 策划过程脱节，执行不到位

进行项目策划时，因策划人员与前期市场营销人员沟通不到位，对项目背景缺少深入的了解，导致项目策划针对性不强、指导意义降低；或者因为项目经验、业务水平不够，策划执行不力，同时现场条件发生变化时，不能及时调整实施策划，导致策划与现场实际"两层皮"。

B. 履约投诉频繁，处理不及时

针对现场发生的履约问题，重视程度不够，对业主诉求响应不及时，项目存在问题得不到上级公司及时解决，导致问题一拖再拖，小事拖成大事。与业主矛盾恶化，陷入恶性循环。

C. 劳务把关不严，履约管理执行力差

对劳务的考察流于形式，把关不严，或者低价中标，真正有实力、有能力的队伍招不进来，导致项目指令得不到有效落实，履约管理执行力低下，且未能及时发现和解决，最终导致履约问题。

D. 安全、质量、环保意识差，措施不得力

项目部对安全、质量、环保工作重视不足，过程控制意识差，加上企业层级监管不力，或者发现问题后整治措施不得当，很容易引发安全、质量、环保问题。

E. 资金风险

项目资金管控不到位，现金断流，从而引发材料断供、劳务停工等问题，造成工期履约风险。

3）项目竣工移交风险

①项目工程质量控制、成品保护不到位，质量问题整治不及时，造成工程实体质量达不到验收要求。

②项目过程管理资料滞后，项目收尾竣工时档案验收不及时，不能按期办理竣工验收手续。

③项目竣工阶段业主单位结算不及时，常常造成项目资金压力巨大，劳务结算脱节，剩余收尾工程劳务方以此为契机延缓现场施工，延长施工周期，无形中造成成本的增加与工期的延后。

2. 履约风险识别与应对

项目实施过程中，对可能存在的风险进行分析识别，提前采取应对措施，是有效规避实施风险的重要途径。

项目策划阶段，策划组织单位应对项目风险因素进行系统分析，建立风险管理台账，明确相关解决措施及责任单位、责任人员。项目进入实施阶段后，定期对风险因素和措施进行实时更新，指导项目及时化解风险。

风险应对措施大体可分为三类：

（1）经济性措施

主要措施有合同方案设计（风险分配方案、合同结构设计、合同条款设计），保险方案设计（引入保险机制、保险清单分析、保险合同谈判），管理成本核算等。

（2）技术性措施

技术性措施应体现针对性强、便于操作、经济合理的原则。主要生产工艺改进、事前预处理、取消风险部位等措施。

（3）组织管理性措施

包括管理流程优化、组织结构优化、管理制度与标准优化，人员选聘、责任分工、落实风险管理责任等。组织管理措施应提倡使用风险管理信息系统等现代管理手段和方法。

3. 履约问题库管理

项目实施过程中，通过风险识别、采取应对措施虽然能在很大程度上降低风险发生的几率，但风险永远无法彻底根除，伴随着环境条件的变化，风险仍有随时发生的可能。出现问题后，及时发现和快速解决制约履约的问题，是实现完美履约的重要手段。

（1）履约问题库的建立

履约问题根据问题属性可划分为对外协调、生产组织、技术方案、质量安全、商务物资、财务资金、后勤保障等类别。

履约问题库主要内容有：问题类别、问题描述、影响程度评价、应对措施、责任单位（个人）、完成时限等。

根据履约督导分级制度，集团（局）、公司、项目分层级建立履约管理问题库系统。履约问题库归口工程管理部门管理，问题库首先由项目层级建立，项目部定期对履约因素进行排查，及时发现问题，并纳入履约问题库进行管理。当发现问题未及时得到解决，表内显示超限时，需进行提级管理，信息系统自动推送上级工程管理部门，纳入上级单位问题库系统，上级工程管理部门调度其他管理线条解决问题，并重新确定解决时限。

（2）履约问题库的销项与统计分析

各层级履约问题库管理专员需定期对问题库进行检索，对已解决的问题进行销项处理，并备注解决的实际措施和时间。

建筑企业信息化是企业管理的未来发展方向，企业可以利用进度管理系统、协同平台、安全巡检平台、智慧化工地等信息系统建立履约管理问题库信息平台，采用信息化的手段，方便、快捷地了解项目及公司履约问题的清单和整改情况。

各管理层级应对发生的履约问题进行统计分析，对频繁出现的同类问题，要认真进行研究分析，查找系统性管理原因，找出问题重复发生的症结所在，并制定专项措施，从体系上提高防范履约问题的水平。

资源要素管理

1. 项目人员管理

（1）项目架构

建筑企业项目管理的核心是优质资源的整合，而项目管理的核心是对资源实施有效管理，实现资源价值的最大化。企业的管理应该围绕项目开展，为项目提供可靠的资源支持、技术支持、资金支持。项目部的管理围绕各分供方开展，及时扫清各分供方施工过程中的障碍，并协调各分供方围绕项目目标开展工作。所以项目的组织构架既要适应项目管理的需求，也要符合公司发展要求。

项目组织构架应该根据项目规模及实施条件确定。不同项目规模对管理团队数量、人员素质有不同要求。项目人员数量可根据工期要求结合项目规模确定，可参考行业年人均产值水平。领导岗位一般设项目经理、技术负责人、安全生产管理负责人、项目副经理（生产）、项目副经理（协调）、财务合约负责人等岗位，下设部门包括：工程管理部、技术管理部、财务合约部、物资设备部、机电管理部、前期管理部、质量安全部、信息化管理部、党群工作部和综合办公室。企业层级可根据需要聘请行业内知名专家参与项目管理，对项目建设中存在的重难点问题提供技术和管理支持。

（2）人员职责

职责划分原则：职责明确、界限清晰、全无遗漏、细致周密、层级简洁、指令清晰，见表6-1。

06 实施
施工组织实施

项目管理人员职责 表 6-1

序号	职务/部门	主要管理职责
1	项目经理	（1）全面主持项目部工作，履行项目合同和企业项目管理目标责任书规定的责任和义务。 （2）全面、全过程负责本工程生产经营工作，主持编制项目管理实施规划，并对项目目标进行系统管理。 （3）全面统筹，按照合同要求，对项目实施全过程进行策划、组织、指挥、协调和控制，对资源进行动态管理，确保本工程按期完成。 （4）贯彻实施质量方针和质量目标，对质量体系的运转情况进行监督，确保项目质量保证体系有效运行。 （5）作为安全、文明、环保工作的第一责任人，负责对本工程的安全生产、文明施工、节能减排、职业健康、环保体系的运转情况进行监督、控制，确保以上保证体系有效运行。 （6）统筹项目的和谐共建、廉政建设和维稳工作。 （7）完成"项目管理目标责任书"规定的其他任务。 （8）参与突发事件应急处理工作
2	技术负责人	（1）分管技术质量部，统筹本工程施工技术、信息化、新技术应用及研发管理工作，负责组织编制总体施工组织设计和专项施工方案，负责组织"四新"技术的推广应用。 （2）负责各工区重大施工方案的审核，研究和审定重要的技术处理方案，组织对施工中遇到的重大技术难题的研究，并指导制定解决方案，监督落实。 （3）负责本工程施工图设计协调及工程变更相关管理工作。 （4）负责组织本项目竣工文件的编制和整理工作，负责组织配合本项目各项单位（子单位）验收、竣工验收及专项验收工作。 （5）参与突发事件应急处理工作
3	安全生产管理负责人	（1）分管安全监督部，负责本工程安全生产、环境保护和文明施工工作。 （2）负责组织建立健全安全保证体系，依据安全目标制定安全管理规划，组织制定、修订各项安全管理制度，并负责安全管理规划及制度的落实。 （3）督导各工区及时编制安全计划、安全技术方案等，并督促安全措施贯彻落实。 （4）负责组织安全生产日常检查，掌握施工现场的安全生产状况，对施工中的安全隐患进行排查治理。 （5）定期组织召开安全专题会议，及时研究和解决有关安全生产的重大问题。 （6）负责突发事件应急处理工作
4	项目副经理（生产）	（1）分管工程管理部，协助项目经理进行本工程生产管理工作。 （2）审核年度、季度、月度生产计划，做好施工生产协调和管控工作。 （3）按照施工组织设计总体要求及规范规程，对工程进行施工管理，保证施工质量。 （4）负责资源配置协调和队伍管理，处理与邻近界面接口的协调管理工作。 （5）负责项目的施工生产、劳务、安全、文明施工的管理及考核工作。 （6）贯彻执行项目经理制定的各项规章制度，传达落实项目经理签发的各项施工指令。 （7）主持召开各种形式的专题会、协调会、生产调度会。安排布置施工生产计划，组织检查落实各项计划的完成情况。 （8）主持突发事件的应急救援抢险工作

履约管理
Performance Management

序号	职务/部门	主要管理职责
5	项目副经理（协调）	（1）分管前期管理部，牵头组织落实临时用地、管线改迁、征迁协调事宜，对接市区级领导和相关单位。 （2）负责维持与地方政府、发包人的良好关系，并妥善处理本项目与周边居民的关系，确保生产正常开展。 （3）上报外协费用计划，并对费用使用情况进行监督、统计、分析。 （4）负责外协组及其他单位和部门外协费用报销审核。 （5）参与签订外协相关合同、协议，负责相关费用核算及汇款审核。 （6）负责突发事件的现场协调组织工作，依法及时稳妥地处理，尽快恢复正常秩序。 （7）积极完成领导交办的其他工作
6	财务合约负责人	（1）分管财务合约部，在项目经理的领导下，组织协调项目部成本体系各职能部门做好合同管理、成本管理、成本控制及成本核算工作。 （2）负责与发包人、监理和其他有关单位就经济问题进行协调和联络。 （3）负责组织项目经理部合同商务条款在实施过程中的落实，工程承包价的核算与分析工作。 （4）负责工程索赔的组织与实施，对工程变更、洽商、索赔文件的审核及竣工结算工作。 （5）项目部资金及支付的管理，对项目各项目费用支出进行签认。 （6）参与突发事件应急处理工作，负责突发事件的资金统筹调配工作
7	工程管理部	（1）在项目副经理（生产）及技术负责人的领导下，负责项目生产施工及技术方面的管理工作。 （2）负责建立项目经理部有关施工生产管理制度，编制总承包范围内工程总体策划和各专项策划。 （3）负责工程项目施工的全面管理工作，对工程项目施工的进度、质量、安全、文明施工、成本进行全方位管理和控制。 （4）负责现场施工生产调度，督促检查工程进展，收集周、月、季、年度生产完成情况，做好生产要素的平衡及调节措施，确保均衡生产。 （5）负责编制施工阶段进度计划及物资采购供应计划。 （6）参与组织重要技术措施和设备设施的安全验收工作。 （7）负责现场安全风险动态管理工作。 （8）负责组织劳动竞赛评比，组织各工区相互学习观摩。 （9）负责项目劳务管理及进城务工人员管理。 （10）参与突发事件应急处理工作
8	技术管理部	（1）负责项目施工的技术管理工作，对现场提供技术服务。 （2）负责编制实施性施工组织设计及各类主要技术方案，落实、监督施工组织设计和施工方案的实施，及时处理施工方案在执行中出现的技术问题。 （3）组织图纸会审、技术交底、技术复核，技术方案审定工作。 （4）负责协助技术负责人进行新技术、新材料、新工艺、新设备在本工程的推广和科技成果的总结工作。 （5）落实项目工程的创优规划及创优措施。 （6）参与突发事件应急处理工作

06 实施
施工组织实施

续表

序号	职务/部门	主要管理职责
9	财务合约部	（1）负责项目工程合同管理、成本管理工作。 （2）负责工程合同的技术评审，与分包商进行合同谈判、合同签订。 （3）负责合同的履约检查工作。 （4）负责合同纠纷的处理，按照合同法等相关法律法规要求及时处理合同纠纷。 （5）负责编制年度财务收支计划及月份用款计划，并认真组织实施。 （6）负责建立健全流动资金定额管理制度，加速资金周转，合理使用资金。 （7）负责加强财产管理，审核固定资产的购置、调拨、封存、清理、报废，积极参与财产清查，并办理财务处理手续。 （8）负责做好记账、算账、报账等日常工作。做到手续完备、账目清楚、数字准确、内容真实
10	物资设备部	（1）负责项目物资、设备方面的工作管理。 （2）建立健全项目经理部物资设备管理体系，制定各类物资设备的管理办法以及工作流程，负责本项目物资设备信息管理。 （3）负责组织和落实全线各项物资设备资源，通过招标选择材料、设备等各供货商，集中采购相关物资。 （4）负责编制设备、材料年度、季、月用量计划，对采购进度进行控制。 （5）负责主要施工机械设备按期到位及统一管理、督促。 （6）负责突发事件中抢险物资及设备的采购与调度工作
11	机电管理部	（1）在项目经理的领导下，负责项目机电设备方面的工作管理。 （2）负责设备预算及计划管理。 （3）负责设备的产权备案工作及安装的验收审查。 （4）负责设备维护、维修、保养、淘汰、更新的管理。 （5）负责设备使用培训管理及设备管理制度建设。 （6）参与突发事件应急处理工作
12	前期管理部	（1）在项目副经理（协调）的领导下，负责工程前期协调方面的工作管理。 （2）协助完成施工临时用地、临时用水、临时用电等施工前期准备工程。 （3）负责配合上级部门组织各工区完成工程范围内征地拆迁、交通疏解、管线迁改及恢复、绿化迁改及恢复的工作。 （4）参与突发事件应急处理工作，在项目副经理（协调）的领导下，降低应急事件造成的影响
13	质量安全部	（1）在安全总监及质量总监的领导下，负责项目生产安全、质量、节能环保方面的工作管理。 （2）负责建立健全项目经理部质量保证体系、安全保证体系和环保保证体系，落实质量、安全和环保生产责任制，制定质量创优规划和安全文明环保施工管理目标，制定相应的保证措施。 （3）对标段项目部的工程质量、安全、环保进行监控，及时处理项目实施过程中出现的相关问题。

续表

序号	职务 / 部门	主要管理职责
13	质量安全部	（4）监督各供货商质量控制执行情况，分阶段向项目经理部递交质量监督报告。 （5）定期组织召开安全、质量分析会议，制定纠正和预防措施，跟踪检查整改措施的落实情况，组织全线重大科技课题立项及实施，负责全线质量创奖工作，认真开展 QC 小组活动。 （6）负责制定环境保护、文明施工的技术措施，并负责监督落实。 （7）组织落实有关安全质量环保及文明施工的各项管理制度。 （8）协助安全负责人处理突发事故，定期组织应急演练
14	信息化管理部	（1）负责在全线开展信息化系统建设、应用工作。 （2）负责施工过程中 BIM 模拟及优化设计。 （3）负责工程车辆段及停车场的设备及管线的工艺布置设计、安装、装修深化设计等工作。 （4）参与突发事件应急处理工作
15	党群工作部	（1）负责党支部、工会的日常工作。 （2）组织开展劳动竞赛、合理化建议、技术比武等群众性活动。 （3）参与突发事件应急处理工作
16	综合办公室	（1）负责日常事务工作，负责文件管理，制定文件处理的程序和制度。 （2）负责印章以及有关证件的保管使用及会务工作。 （3）负责办公用房、办公用品等的采购与管理，做好后勤服务工作。 （4）参与突发事件应急处理工作，主要负责突发事件的信息核实、信息公布工作

（3）管理制度

为了顺利完成工程建设项目，规范项目管理体系，提高项目管理质量，保证项目各项管理目标的实现，项目部需建立具有针对性、适用性强的项目管理制度，制度主要内容可参考表6-2。

项目管理制度 表 6-2

序号	制度名称	管理理念	主要内容
1	工程管理制度	动态调整、控制	领导施工现场带班检查管理办法
			工程部部门管理办法
			施工日志管理办法
			标准化管理办法
			驻地代表管理办法
			履约考评管理办法

06 实施
施工组织实施

序号	制度名称	管理理念	主要内容
2	技术管理制度	技术指导施工	施工组织设计及施工方案管理办法
			声像档案管理办法
			科技研发工作管理办法
			设计变更管理办法
			方案变更管理办法
			工程试验检测管理办法
			见证取样和送检制度
3	质量安全制度	预防为主 综合治理	安全文明施工管理办法
			安全生产责任制
			安全教育培训制度
			安全生产费管理规定
			安全生产例会制度
			施工现场消防管理制度
			工程建设质量管理办法
4	环保管理制度	绿色文明施工	扬尘治理管理办法
			环境保护管理办法
			精细化提升管理办法
5	商务资金 管理制度	过程管控 合法合规	合同管理办法
			计量支付管理办法
			会计核算实施细则
			预算管理实施细则
			资金管理实施细则
			费用报销管理实施细则
			税务管理实施细则
			低值易耗品管理实施细则
6	物资机电设备 管理制度	保证所需 尽量节约	大型施工机械设备管理办法
			施工现场临时用电安全管理办法
			物资管理办法

序号	制度名称	管理理念	主要内容
7	综合管理制度	服务项目	文件管理办法
			考勤休假管理办法
			综合考核管理办法
			会议管理办法
			车辆管理办法
			宣传工作管理办法
			办公用品管理办法
			"三重一大"决策制度实施管理办法
			部门考核管理办法
8	前期管理制度	全面了解 快速反应	前期管理部管理办法

2. 劳务配置

（1）劳务供方的选择

项目部根据项目施工进度计划安排，编制劳务招议标计划。劳务供方招标方式主要分为邀请招标、竞争性比选两种方式，一般由公司或分公司按规定组织项目劳务招标。劳务供方的选择应突出专业性和信誉情况。

（2）劳务供方的审查

公司或分公司工程管理部门统一对劳务供方进行审核后报相关领导审批，劳务供方准入审核完成后方可参与招标。招标前对劳务供方申报的资料进行审查，重点审查持证情况、人岗匹配情况、类似工程业绩、资源资金实力、市场诚信情况等。

（3）劳务供方的考察

1）考察范围

①新引进考察名单的劳务队伍。

②属于集团（局）、公司分包商名录，但二年未在公司范围内承接过劳务分包任务的劳务队伍。

③属于分包商名录，但项目部认为有必要进一步考察的劳务队伍。

④每个劳务队伍最多只能跨两个专业类别承接业务，超过两个专业承接业务，应书面报告公司工程管理部门，由公司组织进一步考察。

2）考察分级

项目施工难度大、技术含量高的重难点工程由公司组织进行考察，一般工程由分公司或项目组织考察。

3）考察内容

①对劳务队伍实体真实存在的考察。

②对劳务队伍合法有效的考察。

③对劳务队伍负责人是否法定代表人或是否经法人授权（委托）的确认。

④对劳务队伍提供施工所需工种、人数能力的考察。

⑤对劳务队伍提供施工所需机具、设备的考察。

⑥对劳务队伍具备的综合管理能力和综合施工能力的考察。

⑦对劳务队伍以往业绩和信誉的考察。

（4）劳务供方的入围审批

劳务考察完成后由项目工程管理部编制劳务分供方入围队伍审批表报公司审批，劳务供方入围竞争性比选原则上不少于 $2X+1$（X 为拟中标家数），特殊情况下应作特别说明；邀请招标不少于 4 家。劳务供方招（议）标入围由公司分管领导、分管部门、劳务管理员及项目经理共同确定入围名单。

3. 设备管理

设备管理分为自有设备管理和租赁设备管理。自有设备按照设备折旧、使用台班进行自有机械使用费的核算；租赁的机械费按照租赁时间和单价核算机械租赁费；自有机械使用费、机械租赁费共同构成工程项目的机械费，进行成本核算。

4. 物资采购

（1）物资分类

所有物资统一分为主要原材料、低值易耗品和周转材料三大类。

（2）物资计划

项目开工前，项目部应根据项目管理策划编制物资总需用计划，经项目经理审核后提交公司物资管理部门。公司物资管理部门根据总需用计划控制项目物资总量，建立预警机制。对超出总需用计划的物资需查明原因后方可对总计划进行增补。

项目部每月底编制次月物资月需用计划，经项目经理审核后交公司物资管理部门实施。

（3）物资采购

批量较小的零星物资实行比价定点采购的原则，由公司和项目部一起统一考察选定。大宗物资必须实行集中采购，采购模式可分为区域层面集中采购、法人层面集中采购、集团（局）集中采购三种模式。

（4）物资验收

1）物资进出场时，门卫须对进出场车辆进行登记，并建立物资运输车辆进出场台账，物资出场必须凭出门证放行，出门证应按月装订成册交项目综合办公室，以供备查。

2）主要物资验收须有两人以上人员共同进行。物资进场验收必须凭实物验收，严禁凭单验收；实物验收时，收料员应及时通知相关的工长或项目部指定人员共同进行。收料员必须检验材料的外观质量、数量、规格型号、生产厂家（品牌）是否与合同（或采购计划）的要求相符，同时要求供应商随货提供质量证明文件（材质书、出厂合格证、试验报告），需要现场复检的要及时填写材料送检通知单通知试验员送检，并严格遵照先检后用的程序。

3）材料员根据收料单办理验收凭证，收料员签字后交项目经理审核，经公司物资管理部门复核后交财务入账，也可由公司物资管理部门定期对材料验收凭证进行稽核。项目部每月须和供应商对账并做好材料结算单。

（5）不合格品的处理

经检测对采购物资判定为不合格的，由保管员作不合格标识并予记录，采取隔离堆放，由公司物资管理部门负责处置。可降级使用的，由公司物资管理部门与供应商协商降级使用价格，不能降级使用的应及时通知供应商退货。对已入库物资的退货由保管员、采购人员填写退货单，提交项目经理审核，退货出库。如退货物资已支付货款，由采购人员负责追回。对不合格物资采取的处置措施，记录保存，进入供方档案。

（6）物资贮存

1）库房存放的物资要整齐安全摆放，标牌清楚齐全，物资保管要账物相符，做好防潮、防火、防盗措施。化学危险品和易燃易爆品要单独存放。

2）库外物资要合理堆码、整齐规范、标识清楚。

（7）物资发放

1）物资的发放应按照先进先出原则进行。

2）项目应根据施工预算，做好总量控制，尽量实行限额领料，商品混凝土必须实行限额领料。限额领料的执行必须由项目经理牵头，并应明确其他人员的职责及奖罚措施，项目经理是限额领料工作的第一责任人。各施工工长须准确地计算材料用量报项目经理，项目经理切实地审签施工工长报上来的限额签发单，并提出限额指标，落实到人。

3）对于堆放现场不能入库发放的物资，每月25日进行实物盘点，开具领料单，由各相关的专业工长签字认可，并以此作为领用发放的依据。对于从库房领用发放的物资，严格按照限额领料的要求发放。

履约管理职责与责任划分

1.各层级主要管理职责

企业各级单位在履约过程中应符合国家、行业、地方等各级法律、法规、政策的要求。

集团（局）层面，统筹对全集团（局）履约工作，主要负责制定全集团（局）履约管控体系，对各公司履约业绩进行考核评价，对重难点项目进行督导管理，对履约管理失职问题进行追责。

公司层面，对公司所有项目全面满足履约要求负责，组织项目部的组建，开展各类分供方资源招标采购工作，及时解决项目诉求，全过程对项目履约管理进行指导、督促。

项目部层面，负责履约管理的具体组织和实施。

2. 工期履约责任

（1）节点监控与考核

根据工期节点重要程度将节点等级分为一级节点（重要节点）、二级节点（控制节点）、三级节点（关键节点）。

在集团（局）各层级服务客户中，集团（局）负责监控和考核战略项目和重要项目的一级节点和战略项目的二级节点，公司负责监控和考核一般项目的一、二级节点及战略项目的全部节点。

（2）工期预警及督导

项目工期预警等级分三级预警，按工期延误时长分为蓝色预警、黄色预警和红色预警，见表6-3。

工期预警分级　　　　　　　　　　　　　　　　　表 6-3

序号	计划类型	蓝色预警	黄色预警	红色预警
1	总进度计划	延误 10 天	延误 11 ~ 29 天	延误 30 天以上
2	阶段性进度计划	延误 7 天	延误 8 ~ 14 天	延误 15 天以上
3	月度进度计划	延误 3 天	延误 4 ~ 6 天	延误 7 天以上
4	节点计划	延误 1 天	延误 2 ~ 4 天	延误 5 天以上

1）借助信息化手段，集团（局）负责对项目的工期红色预警进行管控，红色预警由项目部及公司制定书面防控措施，集团（局）工程管理部门进行监控落实。

2）公司负责对工期黄色预警进行管控，并将管控结果报集团（局），集团（局）需依据严重程度确定是否进场督导；黄色预警由项目部制定书面防控措施，由公司进行监控落实。

3）项目负责对工期蓝色预警进行管控，根据预警情况及工作内容采取相应措施。

4）各层级均应对工期延误原因进行分析，并针对延误原因通过项目履约督导会议或项目履约协调会议形式组织各专业线条及时协同解决。

3. 安全履约责任

安全生产"人人有责"，安全生产岗位责任制覆盖集团（局）、公司和项目部所有员工、全部生产经营和管理过程。企业层级主要负责建立健全安全生产体系，分析研究安全生产形势制定应对措施，排查重大安全风险，开展安全管理控制手段研究。项目层级负责严格按照企业安全管理制度要求落实各项管控措施。

4. 质量履约责任

（1）局级层面质量履约责任

集团（局）主要负责制定集团（局）质量战略，建立全集团（局）质量管控体系制度，同时审定集团（局）质量管理的重大事项。

（2）公司层面质量履约责任

公司董事长或总经理是单位质量管理的第一责任人，其主要职责为负责组织制定单位质量方针和目标，建立公司质量管理体系并确保其有效实施，同时负责配置质量管理所需的资源，并负责主持公司质量管理委员会或领导小组会议。

公司总工程师负责单位质量管理体系的运行、维护、监督管理。其主要职责是负责组织集团（局）/公司质量管理体系的运行工作，定期组织召开工程质量管理工作会议，负责组织制定集团（局）/公司有关工程质量的管理制度，并保证各项制度之间的协调性；同时负责组织对所属公司、分支机构、项目部的质量管理工作进行检查、考核、评价，在质量事故发生时，负责组织对质量事故的调查分析，制定预防和纠正措施，并提出责任追究意见。

公司生产分管领导负责单位在建项目施工过程质量管理。其主要职责为：保证单位质量管理体系在施工过程中的有效运行，保证质量管理制度在施工过程的实施，并确保施工设备、劳务人员等资源和施工工艺过程满足质量要求，在项目质量事故发生后，负责参与对质量事故的调查分析。

（3）项目部层级质量履约责任

项目经理是施工项目工程质量的第一责任人，对施工项目的质量管理工作及项目的工程实体质量负直接领导责任。其质量管理职责是保证国家、行业、地方的法律、法规、技术标准得到贯彻落实、保证施工合同约定的质量标准在项目有效执行、保证集团（局）的质量管理体系在项目的实施中得到有效运行，并建立施工项目的质量管理体系并保持其有效运行；同时建立施工项目的质量管理体系并保持其有效运行。

项目总工程师或技术负责人（质量总监）负责项目质量管理体系的运行、维护、管理，其质量管理职责是监督项目质量管理体系的运行，保证项目质量管理体系有效运行；同时监督集团（局）的各项质量管理制度在项目的落实，并根据项目的质量目标，组织编制项目质量策划，研究解决项目质量缺陷或常见质量问题；在施工过程中，负责组织工程各阶段的内、外部验收工作，并对项目部人员进行质量教育，提高项目部全员的质量意识。

项目总工程师负有对项目的设计质量和工程质量的技术责任，其质量管理职责是保证设计、施工方案满足项目既定的质量目标和分部工程的质量标准，并监督方案、技术措施的落实；同时负责对相关责任工程师、质量工程师等项目管理人员进行施工方案交底，保证试验、检测的数据反映施工质量的真实状态；在施工完成后，负责组织参加项目质量验收工作；当质量事故发生后，负责组织质量事故、缺陷的调查和分析。

项目生产副经理对项目施工过程质量负直接领导责任，其质量管理职责主要为确保总包质量管理各项举措实施，参加项目质量例会，对涉及施工过程管理的质量问题监督整改，同时参与质量事故、缺陷的调查。

5.履约投诉处理

根据客户要求、客户重要性、履约投诉严重性采用下列方式对项目投诉进行处理：现场督导、领导约谈、情况报告、履约报表、专题会议、工作指令及其他方式。

集团（局）在进行现场投诉处理时,各公司生产分管领导应全程参与;必要时,公司主要领导应全程参与并现场解决问题。

工 程 履 约

Contract Performance Management
of Construction Enterprises

第三篇

工程履约基础管理

07 信息化
信息化建设

建筑行业在高质量发展的大背景下，信息化管理和数字化转型是大趋势，通过信息化的手段与传统的管理融合渗透，不断完善，促进企业管理体系不断优化，管理能力不断提升，核心竞争力不断增强。

工程履约信息化管理概述

工程履约信息化管控体系建设

工程履约信息化管理平台建设

工程履约

Contract Performance Management
of Construction Enterprises

工程履约信息化管理概述

建筑业行业在高质量发展的大背景下，信息化管理和数字化转型是大趋势。众所周知，信息技术能为企业管理更高效提供技术支持，通过将"云、大、物、移、智"等信息技术与传统施工现场生产、管理深入结合，能够深入转变建筑企业生产经营方式、管理组织方式和业务管理流程，提高企业经济效益和精细化管理水平。通过信息化的手段与传统的管理逐渐融合渗透，并不断完善，最终可以达到企业管理体系不断优化，管理能力不断提升，核心竞争力不断增强的目的。

建筑企业，履约为先。工程履约管理要做好，其中包含三个层面的内容：一是工程进度管理要做好；二是工程质量管理要做好；三是工程安全实施管理要做好。有这"三好"，就能保证工程项目目标的顺利实现，但是还不够，企业是盈利性的组织，活干了还要能挣钱，所谓"效益为本"，这就是还要成本管理要做好。工程履约信息化管理就是围绕着进度、质量、安全、成本这四个方面的内容开展的。

1. 工程履约面临的管理难题

（1）信息流不畅通，集团（局）、公司对项目进度、质量、安全、效益等真实项目履约信息不能及时获取，传统的信息报送方式极易导致信息传递延迟甚至信息错误，往往到了项目进度或质量安全或效益出现了较大问题，已经收到业主投诉，造成很大的经济和企业形象的损失，且损失不可挽回。

（2）资料不可追溯，一个工程项目从投标、中标、实施、移交、运维，会产生海量的资料数据。尤其是基础设施项目的建设周期特别长，工作工序繁多，彻底收尾结清一个基建项目往往需要4年甚至更久，过程中的项目管理人员、管理单位都有可能变更。这些变更导致过程的记录及分析不全，过程资料缺乏支撑性与可追溯性，往往因为工程资料的问题耗费了大量人力物力，甚至造成项目履约风险。

（3）成本管控困难，建筑项目的成本就是指从最开始的项目投标到竣工移交所花费的所有费用，成本管理是贯穿于项目始终的。项目成本管理面临项目一线管理意识薄弱、能力不足、数据不准的问题。

为解决上述问题，加强项目履约保障，开展履约的信息化管理实践，是十分必要的。工程履约信息化的实施，能有效改善信息流不畅通的问题，提升管理效率，及时化解履约潜在风险；能有效减少竣工资料编制的工作量，积累项目过程数据，随时追根溯源；能建立以成本管理为核心的集成化项目管理体系，促进建筑项目粗放式管理向集约式精细化管理转变。

2. 工程履约信息化的主要内容

工程履约信息化管理的主要内容包括：履约信息化管控体系建设，履约信息化管理平台建设。其中，履约信息化管控体系包含信息化组织管理体系、信息化项目建设和运维管理体系、信息化应用管理体系、大数据管理体系。履约信息化管理平台建设包括企业级信息化管理平台建设和项目级智慧工地建造管理平台建设。

工程履约信息化管控体系建设

在工程履约信息化建设具体的实践及管理过程中，要明确信息化管理控制体系。工程履约信息化管控体系包括组织管理体系、信息化项目建设及运维管理体系、信息化应用管理体系及数据管理体系。

1. 组织管理体系

组织管理体系一般分为战略规划层、管理控制层、执行操作层。数字化转型分为数据收集、数据处理、数据应用三个阶段。组织管理模型与数字化转型的三个阶段之间呈现倒三角的对应关系，即执行操作层实现数据的收集，管理控制层实现数据的处理，战略规划层实现数据的应用。从而构建了以数字化驱动为导向，自下而上的知识链与数据流协同、开放的组织结构，见图7-1。

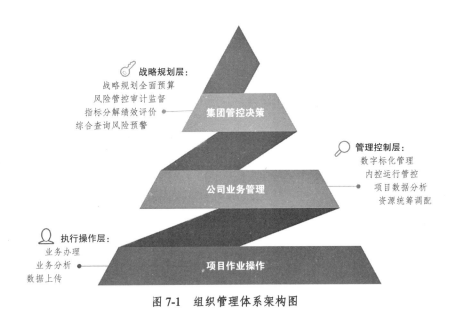

战略规划层：
战略规划全面预算
风险管控审计监督
指标分解绩效评价
综合查询风险预警

集团管控决策

管理控制层：
数字标化管理
内控运行管控
项目数据分析
资源统筹调配

公司业务管理

执行操作层：
业务办理
业务分析
数据上传

项目作业操作

图 7-1 组织管理体系架构图

2. 信息化项目建设及运维管理体系

　　信息化项目建设及运维管理体系，可分为信息化建设期和运维期两大阶段，信息化建设期又可划分为规划阶段和实施阶段，信息化运维期又可划分为运行阶段和评估阶段。规划阶段主要是实现企业发展战略向信息化流程的转变，完成满足企业与项目部信息化管理需求的功能模块规划与建设，制定信息系统建设方案。实施阶段中对信息系统建设内容进行概要设计和详细设计，形成可实施的建设方案，包括需求分析管理、设计方案管理、预算控制、系统实施管理、验收管理等详细内容。并之后进行信息系统的设备采购和工程施工，安装部署完成后要对信息系统的建设结果进行初验和终验管理。

　　信息系统实施过程中所涉及的信息化系统、软硬件标准及采购指导价应由集团（局）统一研发、统一管理、统一推广。在信息系统完成建设实现终验后，进入信息系统的运行维护阶段。在这个阶段最基础的工作是研究如何使信息系统能够可靠连续地正常运行，进行故障处理和问题管理。信息系统运行一段时间后，要对信息系统进行全面的评估和总结，以在新版本的信息系统建设中提供系统功能、性能、承载压力等方面的需求。

3. 信息化应用管理体系

信息化应用管理体系包括企业业务管理体系和供应链业务管理体系，企业业务管理体系是按照组织管理体系从项目、公司、集团（局）不同的业务场景具体业务来划分，如图7-2所示。

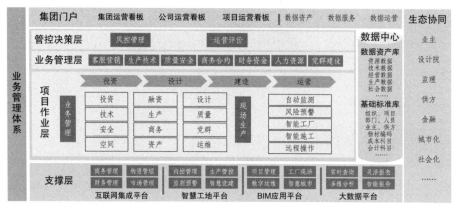

图7-2　企业业务管理体系架构

供应链业务管理体系是按照产业生态链对企业业务管理体系的一种延伸，在集团（局）管理信息化平台，也就是互联网集成平台的基础上，利用互联网轻量化技术实现分供方在线协同。供应链系统与业务管理体系紧密配合，以加强实物流、信息流、资金流的"三流管控"，如图7-3所示。

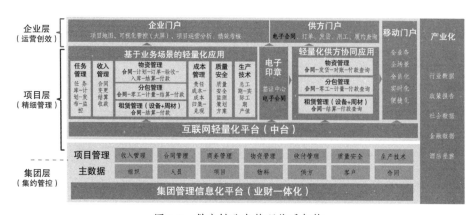

图7-3　供应链业务管理体系架构

4. 数据管理体系

　　企业信息化管理是三分技术，七分管理，十二分数据。数据管理体系建设必须遵照严格的标准体系建设规范，统一的数据管理组织，统一的数据来源和标准，打通数据壁垒，提升数据可靠性与质量，打造数据驱动力与服务力。数据管理体系分为数据标准、数据治理、数据应用三个层级，如图7-4所示。

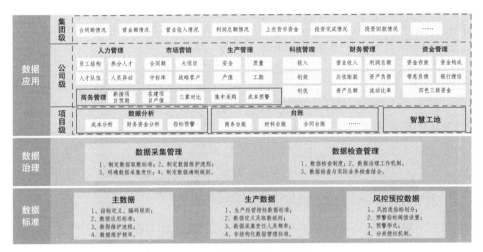

图7-4　数据管理体系架构

工程履约信息化管理平台建设

　　工程履约信息化管理平台基于企业信息化管理系统中通用性的组织机构、人员关系、角色管理、权限分配、初始化参数配置等功能，形成项目履约的进度质量安全和成本全过程管理的底层平台，为集团（局）、公司和项目的各类业务管理提供基础应用平台和主数据支撑。工程履约信息化平台分为"企业级履约信息化平台"和"项目级智慧工地建造管理平台"，它们是协同工作的整体。

1. 企业级履约信息化平台

　　从企业角度来讲，对工程项目履约的管控重点是工程进度、质量、安全和成本的管理，充分应用信息化手段能更好促进项目进度、质量、安全、成本的全方面优质履约，实现项目目标。进度管理方面，主要是工程进度自动预警与管理。质量管理方面，主要是以工序为主线的施工全过程质量管控。安全管理方面，主要是安全风险智能监测识别与预警管理。成本管理方面，主要是综合项目管理系统，围绕项目全过程的商务合同、分包计量、物资设备、结算办理、成本分析管理。

（1）工程进度自动预警与管理

进度管理的信息化应用依托生产进度管理系统，系统按照"统筹规划、分步实施"的原则，结合项目一线当前生产管控重点，以分部分项、检验批划分为基础，生产进度为主线、工程数量管理为源头，实现过程产值计量、材料消耗、分包计量的过程管控和实际成本统计分析功能，同时伴随系统的应用，不断积累企业生产要素大数据。

生产进度系统选取工期进度和投资进度等指标建立工程进度预警模型，实现工程进度自动预警与管理。在引入系统前期进行生产组织划分，生成形象进度模板；再对工程实体进行分解，输出工程数量台账和项目工程量清单并相关联，编制施工总进度计划，设置工期节点，设置预警条件和预警通知对象。通过进度及时预警、实时进度汇报、过程数据分析等功能协助管理人员实时、全面、直观地了解项目的总体进度状况，制订科学的进度计划并对进度及时调整管理，以保障项目计划高效高质地按期实施，帮助企业高效管控项目时间资源，使推进项目总进度可控。

（2）工序质量全过程管控

建立一套以施工过程为主线的工序质量管控流程，紧扣原材料、实施管理、实体检测、资料整理四大版块，以工程部位为唯一识别标签，以施工准备、技术交底、测量放样、半成品管理、施工过程管理、实体质量评定、资料整理为一个大循环，实现工程质量的全过程管控。

工序质量全过程信息化管控，强化了项目质量管控，实现企业质量管理、项目质量管理动作规范化标准化，大幅提升现场工作效率。基于大数据的智能分析，帮助企业决策层快速了解项目质量管理情况，高效决策且有据可依。

（3）安全风险智能监测与预警管理

将计算机技术、物联网、多媒体技术、网络技术、视频处理、大数据、云计算等技术相结合，集成智能行为识别算法、烟雾传感器、温度感应器、气体检测器、水压传感器、拾音器、监控大屏及警报等设备，实现对人、机、环境的全方位实时智能监控，构成具有影像分析和事件自动报警识别功能的监控系统。进行人物判别、物件识别、轨迹跟踪、行为分析，通过对人物行为和环境变化的捕获，自动进行报警处理，把视频监控从"被动监控"变为"主动监控"。

（4）围绕经济线管控的综合项目管理

建立一套以经济管控为核心的项目综合管理系统，主要包含项目策划、合同管理、收入管理、供方管理、物资管理、付款及成本管理。基于项目成本方圆图的理念，实现合同基本信息、合同评审及签订审批的全过程管理。实现项目预算，过程签证索赔、产值报量和项目收款的全过程管理。实现物资计划、入库、结算、付款的全过程管理。实现责任书下达，实际成本分析的三算对比过程控制管理。实现人、材、机、现场经费、分包工程费等五大费用的管理。

综合项目管理系统，以项目经济线全过程业务活动为主线，获取各类经济指标，后台智能化分析，实现项目经营情况的直观展现。同时，对关键指标执行，实行在线监督，动态管理，当责任指标与实际完成指标出现偏差时，系统及时预警，项目管理人员根据预警情况进行分析，找出存在问题，提出整改意见，及时纠偏。

（5）生产大履约数据集成

由于企业多业态多元化发展，建筑企业内部普遍构建了多个异构的业务系统，这些业务系统中的数据源标准不一、彼此独立并相互封闭，形成"信息孤岛"，从而无法快速有效共享。生产履约大数据集成即为把自治、异构系统中的各业务数据，通过新的处理模式进行逻辑或物理上的数据集合，解决数据应用共享的问题，并使之成为具有更强的决策力、洞察发现力和流程优化能力的信息资产。

工程生产履约大数据集成就是要把生产履约数据信息进行整合，包括生产技术线条的业务系统、业财一体化、商务管理、物资系统、人力资源、科研、进度管理系统、安全质量等在内的所有项目管理业务系统数据。大数据集成的主要表现是在各业务线条的管理工作过程中建立起项目层面的业务数据库和知识库，通过项目信息整合来提高日常工作效率和促进各自业务线条日常工作的决策。在项目大数据集成的基础上，公司层面进一步汇聚建立组织层面各管理方面的大数据，比如企划人力、客户管理、市场营销、财务、技术科研、商务物资等管理线条，建立企业数据中台。通过对大数据的处理与分析实现具有智能决策、业务挖掘预测、移动应用、数据可视化等功能的基于大数据的新业态，支撑企业层面的管理经营和战略决策。

生产履约大数据集成应用已经成为一种不可抵挡的趋势，大数据将推动企业数据资源应用从"记录存储"到"整合共享"转变，数据资源真正成为企业重要的无形资产。

2. 项目级智慧工地建造管理平台

智慧工地就是指运用信息化手段，围绕施工过程管理，建立互联协同、智能生产、科学管理的施工项目信息化生态圈，并将此数据在虚拟现实环境下与物联网采集到的工程信息进行数据挖掘分析，提供过程趋势预测及专家预案，实现工程施工可视化智能管理，以提高工程管理信息化水平，从而逐步实现绿色建造和生态建造。

项目智慧工地建造，是构建一个以党建为根基、项目为主体、生产为主线、内控为核心、安全质量为保障、监测为手段、智能为目标的新型管理体系。通过多方协同、多级联动、管理预控、整合高效的智能化生产经营管控平台，利用物联网、传感网络、云计算等先进技术，以信息化、智能化、数字化服务于项目生产全过程管理，实现企业各管理层对项目主要指标进行风险管理、精准管控。

智慧工地现场管理体系架构分为应用层、平台层、感知层。应用层由工程基本信息、人员实名制管理、视频监控、环境监测、盾构检测、数字会议系统等模块构成。

平台层应包括集团（局）、公司及政府单位的系统平台，具有协同管理、互联网协作、移动互联、物联网接入等功能，并对感知层收集的信息数据进行过滤、接收、处理和存储，为应用层提供具体应用支撑。

感知层是进行智慧工地基础建设，由信息收集的各类软硬件设备构成，包括信息采集设备、空气环境监测设备、网络基础设施、技术平台、控制机房、信息应用终端等。各应用硬件型号、系统架构、摄像机位置等均按集团（局）

统一标准配置。

（1）内控管理

内控管理是企业为保证经营管理活动正常有序、合法的运行，采取对财务、人、资产、工作流程实行有效监管的系列活动。企业内控要求保证企业资产、财务信息的准确性、真实性、有效性、及时性；保证对企业员工、工作流程、物流的有效的管控；建立对企业经营活动的有效的监督机制。

1）策划预控

利用信息技术，进一步明确各级管理机构在项目策划中的职责和主要任务，保障项目首次资源配置的适当性和施工部署的合理性，防范系统性风险，方案预控有效运用智慧工地建造管理平台中智能报表的分析与预测，能确保方案管理程序合规、合法；成本预控利用信息化集成，反映项目过程管控情况，预警实际值和责任值产生偏差时，进行原因分析，对存在问题采取整改措施，实时纠偏。

2）分级管理

分级管理明确"责权利"，分层级发挥管理作用，定期检查对比分析，提前预警，预控风险。分级管理体系等级能直观了解项目在施工业务分级管理体系中属于哪一级，检查人员根据项目的不同级别，检查不同的内容。分级管理问题库，记录项目受检情况，反映项目过程管控存在问题，记录对存在问题采取的整改措施，呈现实时纠偏情况，并督促责任人销项，相关问题能有效溯源。

3）成本管控

成本管控系统充分利用大数据集成，以项目经济线全过程业务活动为主线，获取各类经济指标，后台智能化分析，实现项目经营情况的直观展现。同时，对关键指标执行，实行在线监督、动态管理，当责任指标与实际完成指标出现偏差时，系统及时预警，项目管理人员根据预警情况进行分析，找出存在问题，提出整改意见，及时纠偏。

（2）生产管控

1）进度管理

项目进度管理的信息化应用依托生产进度管理系统，系统按照"统筹规划、分步实施"的原则，结合项目一线当前生产管控重点，以分部分项、检验批划分为基础，生产进度为主线、工程数量管理为源头，实现过程产值计量、材料消耗、分包计量的过程管控和实际成本统计分析功能，同时伴随系统的应用，不断积累企业生产要素大数据。

2）安全管理

基于移动互联网和大数据技术的安全管理系统，以安全风险辨识为基础，突出风险管控，强化隐患治理，实现安全管控动作标准化，过程管理规范化，形成企业与项目安全管理问题库等信息资产。

3）质量管理

基于移动互联网和大数据技术的质量管理系统，实现质量管控动作标准化，过程管理规范化，企业与项目决策数字化。解决传统低效率的质量管理问题，避免人为修改数据，实现现场质量检查、整改、复查等业务智能流转，问题与事故可追溯，形成"事前预控""事中管控""事后总结"的全过程动态管理。

4）劳务管理

基于移动互联网和大数据的智慧工地劳务实名制系统，核心优势就在于能够将繁琐的事务性管理数字化和智能化，智慧工地的劳务管理不仅仅是避免管理劳务所出现的用工风险，更重要的是优化企业管理减轻负担同时又能保障工人的合法权益。劳务工人进入工程项目现场后，经过智慧工地进行实名登记（包括姓名、性别、年龄、工种、采集正面照片、身份证信息以及入场时间等），形成劳务信息数据库，实现人员考勤数据采集、数据统计，完善人事管理现代化，准确掌握出勤情况、人员流动情况，形成工人出勤统计，做好工资发放管理。

（3）二维码技术集成应用

二维码具有信息容量大、编码范围广、容错能力强、保密及防伪性好、成本低、易制作的特点。可用于工地现场管理的多个方面，在工程建筑管理中起了很大作用。核心使用场景有：

1）二维码＋技术管理

将技术交底资料做成二维码，工人随时扫码快速查阅资料内容，随时监管管理，做到真正的技术交底。以加强工人的技术和安全知识，规范施工管理，降低安全隐患。有效解决之前纸质资料携带、查阅不方便、交底不透彻的情况。

2）二维码＋设备安全管理

将设备信息整合，管理人员实时查看设备运行信息、维护保养记录及灵活管控，安全总监在办公室及时到位审阅，使工作愈加高效便利。

3）二维码＋数字档案管理

使用二维码技术配合数字档案管理。把档案信息生成二维码，贴在档案盒、档案架、档案室门上，使用手机、pad、电脑等扫描二维码即可实现快速检索。在档案管理的过程中可以明确负责人的责任以及保证档案利用过程中档案的安全等，档案收发、借阅、档案位置也可以准确审计。

4）二维码＋人员管理

将人员档案作为身份卡，一人一码，对其行为进行动态加载管理，实时更新，有效控制人员新情况，同时避免不合格人员进入施工现场。

5）二维码＋会议管理

使用二维码进行会务信息传递，人员手机签到，会议资料一键下发，会后回执及评价快速收集，降低会议成本，带来全新的参会体验。

除此以上场景外，二维码还可进行多方面使用：如项目信息展示，比常规公示牌信息更全面；实测实量、参考资料分享、施工质量管理等。二维码技术的使用对保障施工安全、实现项目精细化管理、提升管理效率具有重要作用。

（4）项目信息数据库管理

项目信息数据库管理，包含综合项目管理和工程档案管理。工程档案数据库对档案内容和资源数字化、网络化和信息化，数据包括项目开工到竣工全生命周期形成的一系列档案文件材料。包括立项文件、施工、设计、核心档案、投标招标、请示批复等，实现项目档案管理的自动化、保管现代化、利用现代化。

建设综合项目管理系统是以在建项目为管理对象，实现对工程从项目招标投标，工程开工到工程竣工的整个生命周期各阶段和各业务环节的有效数据管控。综合项目管理系统信息化业务范围包括项目管理、合同管理、物资管理、人力资源管理、综合业务管理、进度管理、质量管理、安全管理。满足各层级有效数据管理需求，实现工程项目管理的标准化、规范化管理，提高项目管理的工作效率和效益，让公司业务管理实现可记录、可追踪、可监控，提高工作效率。

08 技术
技术管理

技术管理是项目管理的灵魂，应做到技术为先并贯穿于工程项目实施的全过程和各个环节。技术管理工作的主要任务是运用管理职能与科学的方法，促进技术工作的开展，在施工中不断优化方案，以达到高质量完成施工任务的目的，从而使技术与经济、质量、安全等工作达到辩证统一。

施工设计优化
施工方案优化
技术交底管理
施工测量管理
工程试验管理

工程履约

Contract Performance Management
of Construction Enterprises

施工设计优化

所谓设计优化，是以工程设计理论为基础，以工程实践经验为前提，以对设计规范的理解和灵活运用为指导，以先进、合理的工程设计方法为手段，对工程设计进行深化、调整、改善与提高，并对工程成本进行审核和监控，也就是对工程设计再加工的过程。设计优化的目的是在完成项目设计的基础上，一方面增强建筑性能与可靠性指标，减少耗能，保证连续可靠的运行时间，为业主实现更佳的经济、环保、社会效益；另一方面有效控制工程量，改善施工条件，达到控制投资、降低造价的目标。

设计优化管理贯穿项目实施过程中的始终，设计优化的时段应该越早越好。设计方案/工艺设计阶段和初步设计阶段是设计优化的重点时段，施工图设计阶段重点关注设计优化措施的落实情况，施工阶段重点根据优化后的设计开展现场实施工作。目前我国不管是施工总承包、PPP项目、EPC项目等，均是在初步设计阶段介入，因此初步设计阶段的设计优化是关注的重点。

1. 设计优化存在的障碍

（1）缺乏机制管理的精细化设计。

（2）缺乏机制管理的限额设计。

（3）设计人员的传统习惯。

（4）业主方对设计优化的理解。

（5）设计管理没有完全融入项目管理。

2. 设计优化的原则

不降低设计标准、不影响设计功能，并确保工程质量、合同工期、投资控制目标的实现以及施工的便利性、后期运营的效率和经济性，遵循合理、经济、可行的原则。

3. 设计优化实施

（1）设计方案 / 工艺设计阶段

含设计管理时，优选设计单位与设计方案，在设计分包合同中明确优化设计的要求。

（2）初步设计阶段

1）根据前期的方案设计文本，充分了解业主需求，加强与设计单位的沟通，促进其充分理解工程建设目标（性能指标、造价控制目标等），拟定设计原则。

2）施工设计方案的优化以工程功能需求出发，以技术先进性、工程造价严谨性、财务审核规范性为重点，科学地进行设计方案优化。通过对施工技术的先进性的设计，科学地应用现代施工技术，提高工程施工效率，达到降低施工成本、降低投资的目的。

3）组织专家对初步设计、专项设计方案等重要专业问题进行专家论证及技术经济分析，对风险、经济性进行分析论证，提出咨询意见。

4）含设备采购时，可以采用"预采购"的方式，邀请专业公司提前介入协助分析，重点对专业工种及特殊工艺设计、设备选型、总体布置等工作提出合理优化建议。

5）加强造价管控，推行限额设计。将前一阶段审定的投资额作为下一设计阶段投资控制的总目标，将原先"画了算"改为"算了画"，按照标准的初步设计总概算控制施工图设计，实现工程造价的动态管理。以保证功能为基础，依托批准的设计任务书以及初步设计的投资估算，控制施工图的设计，减少后期常见的概算超估算、预算超概算、决算超预算的问题。

6）运用价值工程，优化设计方案。以提高产品价值为中心，对其各项功能进行分析评价，使之以最低的总成本，实现在必要的功能设计下，如何将工程项目的功能要求与投资有机结合，根据工程的实际情况既不单纯追求降低成本，也不片面追求提高功能，而是力求提高成本与功能的比值，获得最佳的设计方案。

（3）施工图设计阶段

根据初步设计确定的设计方案及合同要求，由设计管理部门牵头组织设计、施工、设备采购等进行施工图优化设计和精细化设计工作，对设计范围、深度进行拓展，实行工程量控制。

（4）施工阶段

1）保障设计单位与施工总承包方进行充分的设计交底，加强与施工单位的现场配合，关键施工方案进行技术支持，参与重大施工方案的确定，根据现场情况进行优化设计、更改，控制设计变更工程量。

2）由施工项目总工程师编制深化设计计划，各专业分包与项目技术管理部门负责进行图纸的深化设计，项目总工程师进行深化设计审核。经项目总工程师审核后，再上报业主及监理单位审批，确认后方可组织现场施工，深化设计的成果通过技术复核进行检验。

3）施工过程中工艺技术的修改、工程内容的增减、使用功能的改变、设计的错误遗漏、合理化建议的修改、施工中产生的错误、使用材料品种的改变、工程地质勘察资料的不准确等因素会对施工造成极大的影响，需要通过设计变更来对已批准的初步设计文件、技术设计文件或施工图设计文件所进行的修改、完善、优化。

4.设计优化的方法

（1）成立优化设计专家库，抽调技术骨干对设计优化工作给予技术支持；

（2）利用科研成果、工程经验和广泛的国内外信息，以及设计单位总部的资源力量，对初步设计、施工图设计提出设计优化的思路和方案；

（3）对设计优化内容具体化、明确化，提供充分依据支持设计优化意见（必要时须提供计算书），并负责与设计单位进行沟通；

（4）对优化设计的内容进行项目全周期的经济分析，包括项目建设、运营阶段，提供充分的依据支持经济分析结果；

（5）广泛收集初步设计资料、设备选型资料、设计图纸，建立典型优化设计库、同类型设计资料库，培养专业设计人才。

5.设计优化激励机制

针对项目主合同结算原则，对设计合同采取浮动费率制计取的办法，项目实施阶段进行优化设计时，在项目投资控制的前提下，给予设计单位适当的比例分成，提高设计单位自身对勘察设计的深度和精度。

施工方案优化

施工方案的优化是指实施性施工组织设计及施工方案在编制和实施过程中，为降低工程项目建设成本，争取工程项目最佳效益，对工程项目施工人员，机械设备、材料、施工方法、环境条件等生产要素的合理组合和对施工过程中施工方案进行有效的预先谋划和比选过程。

1.施工方案优化遵循的基本原则

（1）结合实际，切实可行。优化施工方案必须从实际出发，根据企业现有条件，在深入细致做好调查研究的基础上，对施工方案进行反复比较、优化，保证切实可行。

（2）技术领先，经济合理。在满足安全、质量、进度等条件的同时，充分利用现有机械设备和先进经验、技术，提高机械化程度，改善劳动条件，提高生产效率，确保施工方案技术先进、经济合理。

（3）安全可靠，满足工期。安全、质量、进度是研究制定施工方案的前提，在优化施工方案时要统筹考虑，制定相应的保证措施，确保施工方案符合技术规范、安全规程和工期进度要求。工程的施工存在多种方案的选择，优化施工方案时应通盘考虑、全面权衡。

2.施工方案优化流程

优化流程如图 8-1 所示。

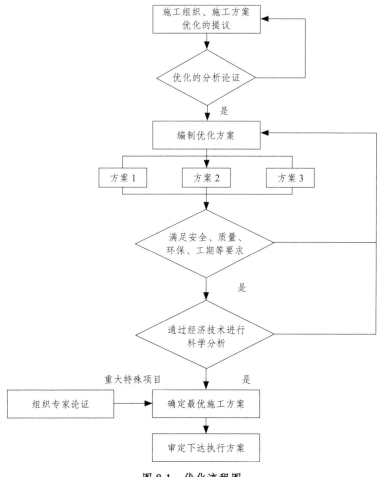

图 8-1　优化流程图

3.各阶段优化要求

（1）编制过程中的优化

1）在施工设计图出图之前，要加大与设计院的沟通，充分考虑现场各种条件，对技术方案进行有效的预先谋划和比选，适当优化各项工程数量，减少工、料、机等施工资源的投入，将我方的施工意图纳入到施工设计图中，最大限度地节约成本。

2）工程项目开工前，由项目经理负责，总工程师组织项目相关技术人员，对现场进行详细调查，充分理解与总承包部签订的合同条款及施工现场的各种自然条件，及时组织有关人员对项目设计文件进行自审和会审，全面了解、掌握设计意图。

3）依据现场实际情况、设计文件、施工合同、施工条件、施工队伍、各种材料、设备的市场价格和供货渠道等因素，积极采用新技术、新工艺、新材料和新设备，分专业制定多种工、料、机配置方案和施工组织措施、施工技术方案。

4）由项目经理组织各专业人员，按照科学合理、经济适用的原则，对确定的各种方案进行优化比选，合理确定工、料、机等施工资源的最佳配置，在满足安全、质量、工期要求的前提下，以降低工程成本、提高经济效益为目的，尽可能采用量化分析和网络计划技术，编制切实可行的施工组织设计和施工方案。

（2）过程中的优化

1）评审施工组织设计和施工方案前，参与评审的部门和人员须详细了解施工组织设计和施工方案。

2）总工程师组织相关人员以会议的形式对施工组织设计和施工方案进行评审。参与评审的人员应对施工组织设计和施工方案进行充分论证，确保施工组织设计和施工方案既科学适用，又能达到降低成本的目的。

3）评审人员要结合现场地形、地质条件，在满足工期、质量要求的前提下，从符合项目资源配置水平、技术可行、经济适当、利于操作等方面进行分析，对本项目主要工程的施工方案进行改进、评价，并最终确定技术相对先进、建造速度快、成本较低、现场操作性强的施工方案。

（3）实施过程中的优化

1）施工组织设计和施工方案优化的重点，应放在实施过程中。在编制实施性施工组织设计和施工方案时，应依据现场情况进行动态控制，不断优化、修改、补充和完善，保证施工方案始终处于最优状态，最大限度地降低工程施工成本。

2）项目成立以项目经理为组长、项目总工及项目副经理为副组长，各部门负责人为组员的施工方案优化领导小组，从项目的立项、审定、实施、投入、控制等方面进行优化。

3）优化原则

结合实际，切实可行；确保安全、环保、质量、工期；不违背设计意图，满足规范要求；降低成本，提高可操作性；充分论证，好中选优。

4）优化程序

①由项目经理牵头，项目总工程师组织工程部技术人员和相关部门，根据现场情况的变化，对现行施工方案进行分析论证，确定是否需要对其进行优化；总工程师确定各专业、各工序的优化大纲和方案。

②技术人员根据项目各个工序不同要求，编制出多种优化方案、施工方法、施工工艺等技术文件；针对各种施工方案、施工工艺，确定相应的人、材、机的投入。

③技术质量部联合工程管理部、安全监督部对各种不同施工方案进行审核，以确定方案能否满足工程安全、质量、环保要求；相关部门按照劳动定额、材料消耗定额、机械台班定额对施工方案进行审核，确定是否满足有关要求。

④由总工牵头组织项目部的商务、财务、物资设备、施工技术等部门，根据相应的单价，计算出各种方案的经济投入，做出科学合理的比较。

⑤根据项目特点、经济投入、工期要求等进行综合分析论证，筛选出最优施工方案，并下达实施。

（4）施工过程中的优化

施工过程中，应对施工工艺的实施进行跟踪，并根据实际情况对方案进行合理优化。技术人员要深入施工一线跟班作业，当发现施工参数出现重大变化时，应重新编制施工方案，属于危险性较大的分部分项工程范围时，应组织专家论证。

4. 施工方案管理

专业工程、关键工序、特殊工艺、高新技术应用等应编制专项施工方案（以下简称"专项方案"）。其中，危险性较大的分部分项工程和高风险（极高风险）工点专项方案为重大专项方案，其余专项方案为一般专项方案。施工方案的管理由各级总工程师分级管理负责，其审批流程通过企业信息管理平台实现信息化管理。

履约管理
Performance Management

（1）管理流程

管理流程如图 8-2 所示。

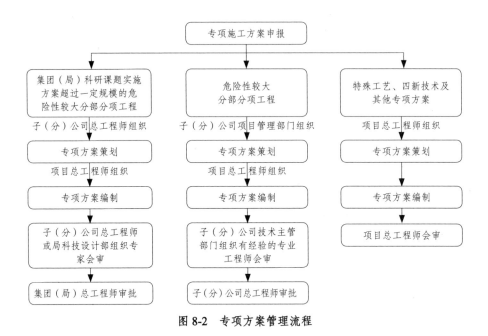

图 8-2　专项方案管理流程

（2）管理职责

施工方案管理职责分配表见表 8-1。

施工方案管理职责分配表　　　　　　　　　　表 8-1

方案类型	设计策划	编制	审核	审批（批准）
集团（局）科研课题实施方案、超过一定规模的危险性较大分部分项工程、极高风险工点	子（分）公司总工程师组织，项目部主要管理人员及相关专家参加	项目总工程师组织，项目各专业施工员及质量安全管理人员参加	子（分）公司总工程师或局科技设计部组织专家会审	集团（局）总工程师
危险性较大分部分项工程、高风险工点	子（分）公司项目管理部门组织，项目部主要管理人员及相关专家参加	项目总工程师组织，各专业施工员参加	子（分）公司技术主管部门组织有经验的专业工程师会审	子（分）公司总工程师
特殊过程、四新技术及其他专项方案	项目总工程师组织，项目主要管理人员参加	项目专业工程师负责编制	项目总工程师	

技术交底管理

技术交底是在某一单位工程、分项工程或工序施工前，由技术负责人向参与施工的人员进行的技术性交底，其目的是让施工人员掌握工程特点工艺流程、技术质量要求、施工方法和安全措施，以便于科学地组织施工，避免技术质量等事故的发生。各项技术交底记录签字齐全，及时归档。技术交底一般包括下列几种：施工组织设计交底、专项施工方案交底（分部分项工程交底）、安全技术交底和作业工序技术交底。

1. 交底原则

交底遵循"要交底、交到底、交底线、要留底"原则，确保所有分部分项工程有交底，并要交到作业层及具体管理人员，要将原则与作业要求、验收要求明确底线，并要完善签字、归档留底。

2. 交底分类及职责

（1）设计交底是在建设单位主持下，由设计单位向各施工单位进行图纸交底，主要交代工程的功能与特点、设计意图与要求等。

（2）施工组织设计交底由项目经理组织、技术负责人实施，对项目主要管理人员交底并签字。

（3）专项施工方案（施工方案）交底：应由项目技术负责人／方案编制人对各部门、施工现场管理人员、主管责任工程师交底并签字。

（4）作业交底：针对分项工程（关键工序），由现场责任工程师／区段长／施工技术员向作业班组全员（含班组长）进行的安全技术交底，并由交底双方和项目专职安全生产管理人员共同签字确认，见表8-2。

3. 交底内容及工作要求

交底内容及工作要求见表8-3。

交底管理职责分配表　　　　　　　　　　　　　表 8-2

交底名称	技术交底负责人	技术交底审批人	接收交底人
设计交底	设计单位	设计单位负责人	施工单位
施工组织设计交底	项目总工程师	项目经理	项目全体管理人员和分包单位负责人、技术负责人
方案交底	项目总工程师方案编制人	项目总工程师	项目部各部门有关管理人员（生产技术、试验测量、物资、商务等）
作业交底	现场工程师区段长/施工技术员	工程技术部门	全体班组成员

交底内容、工作要求　　　　　　　　　　　　　表 8-3

交底名称	技术交底主要内容	交底形式	交底工作记录	交底时间
设计交底	主要交代工程的功能与特点、设计意图与要求等	会议、书面、PPT	会议纪要、交底记录、影像资料	工程开工前
施工组织设计交底	项目概况、施工条件、总目标、总施工组织、计划安排、特殊技术要求、重要部位技术措施、新技术推广计划、项目适用的技术规范、政策等			
方案交底	明确分部工程（或重要部位、关键工艺、特殊过程）的范围、施工条件、施工组织、计划安排、特殊技术要求、技术措施、资源投入、质量及安全文明环保要求等			分部分项工程开始前
作业交底	本次作业具体部位、具体技术参数和施工图（平/立/剖面、大样/细部）、质量验收偏差允许标准值、安全注意事项	现场、书面	交底记录、影像资料	各工序施工前

4. 交底要求

（1）施工技术交底必须以批准的施工组织设计、施工方案为依据，内容须满足设计图纸、现行规范、规程、工艺标准和业主的合理要求。特别是图纸中的技术要求高于国家施工质量验收规范的要求时，应作详细的交底。

（2）技术交底必须自始至终结合工程部位和工程质量要求进行交底，保证交底的适用性和可操作性，必要时应结合样板工程进行交底。技术交底内容要表达具体、准确，并突出要点，形式应规范，如术语、计量单位、章、条、段、图、表等应满足标准化工作规则的要求。

（3）技术交底交底后，交底人应组织被交底人认真进行讨论并及时回答被交底人提出的疑问。交底人应事先将交底资料交项目总工程师审核确认，交底双方在技术交底书上签字确认，交底人负责将记录移交给项目资料员存档。

（4）技术交底必须在工作内容开始前进行，分项工程施工技术交底书一般一式两份，交底人、被交底人各一份，交底存档作为交工技术资料，并办理好签字手续后方可开始施工操作。

（5）项目应建立技术交底记录台账，并按季度对技术交底工作进行分析，制定纠正和预防措施，对项目技术交底工作进行持续改进。

施工测量管理

工程测量是工程建设的重要环节，是技术保证体系的重要组成部分，是实现设计意图、保证工程质量的关键性工作。

1. 测量管理原则

测量管理应遵循统筹组织协调、分层分级监督、严格过程控制的原则。现场测量工作应遵循从整体到局部、先控制后碎部、前步工作未校核不进行下步工作的原则。

2. 公司测量管理内容

（1）管理体系及管理流程

公司成立精测队，设立测量总监，负责全公司的测量管理工作。总工程师（技术负责人）作为公司测量管理工作主管领导，负责公司测量体系的建立，督促各项规章制度的落实，组织协调公司精测队有序开展工作。

（2）公司精测队职责

1）负责贯彻、落实国家有关测量的法规、规范。

2）负责制定公司测量管理办法，规范测量管理流程，并定期跟踪、检查、落实。

3）定期参与、指导、检查各项目的测量业务及管理工作。

4）负责组织公司项目工程的控制测量。

5）建立公司测量人员名册，组织测量人员的专业知识学习、技能培训；配合相关部门对测量人员进行合理调配、考核评价；配合相关部门对测量人员的资格取证和职称评定进行宣贯和监督。

6）建立公司测量仪器管理台账，掌握各仪器使用状态，按项目需要调配测量仪器，定期检查项目仪器校验情况。

7）负责总结和推广先进测量技术。

8）组织公司内测量事故的调查、分析和处理。

（3）精测队测量管理

1）项目测量队交接桩后，向公司精测队申请复测控制网，公司精测队按照相关管理流程进行复测。

2）项目测量队根据项目情况制定年度复核计划，报至公司精测队，公司精测队统一安排，并按照相关管理流程进行复测。

3）公司精测队应对项目关键工点进行抽查复核。

4）建立统一标准，规范原始测量记录、导线测量原始记录表等。

5）公司精测队建立测量仪器台账，实时掌握仪器使用状态，统一调拨全司测量仪器。

6）公司应建立测量人员花名册，且每季度更新一次，实时掌握测量人员动态。

7）公司精测队负责对测量人员的考核、调查，建立起公司精测队人才库，对人才库成员进行培养和抽调执行测量工作任务。

8）公司每年组织项目测量人员集中培训，每年开展不少于一次测量培训及测量业务技能竞赛。

9）管理公司的仪器设备，负责仪器设备软件等的招标采购或集采购置；对于项目申请报废的仪器，经公司精测队确认无法使用后，将报废仪器统一移交公司物资设备部。

3. 项目测量管理内容

（1）管理体系及管理流程

项目成立测量队，设测量队长、测量工程师、测量员等岗位，负责项目测量管理工作。项目总工程师（技术负责人）作为项目测量管理工作主管领导，负责项目测量体系的建立，督促各项规章制度的落实，组织协调项目测量机构有序开展工作。施工测量管理流程如图8-3所示。

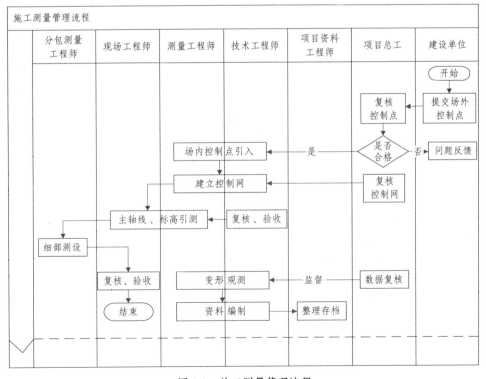

图 8-3 施工测量管理流程

（2）管理职责分工及工作要求

各公司、各项目应制定测量管理人员岗位责任制，各级测量人员应按各自职责对测量成果负责，见表8-4、表8-5。

施工测量管理职责 表8-4

岗位名称	管理职责
项目总工程师	1. 负责场外控制点移交及复核，并形成书面交接记录； 2. 负责对场区控制网、工程定位及变形观测的复核工作； 3. 对测量管理流程负责，定期进行监督和抽查、复核，确保实施准确
技术工程师	1. 负责工程测量控制网的建设及工程定位； 2. 负责工程变形观测及资料编制； 3. 对现场施工主轴线及标高引测工作复核
现场工程师	1. 负责现场施工主轴线及标高引测工作； 2. 对分包单位的测量工作进行验收、复核
测量员	1. 参与项目场外控制点移交，负责工程测量控制网的建立及工程定位，及时办理测量控制线的交验记录； 2. 负责现场变形观测及资料编制； 3. 负责现场施工主轴线及标高引测工作
资料员	负责对测量资料进行整理、存档
分包测量员	负责工程细部测设

施工测量工作要求 表8-5

工作名称	施工依据	责任人	复核人	工作方式
场外坐标高程引测	规范、标准	项目总工程师 测量员	项目总工程师	现场测量
建立控制网	方案、规范标准	技术工程师 测量员	项目总工程师	现场测量
主轴线标高引测	方案、图纸规范、标准	技术工程师 测量员	技术工程师	现场测量
细部测设	图纸、规范标准	分包单位测量员	现场工程师	现场测量
变形观测	方案、规范标准	技术工程师 测量员	项目总工程师	现场测量

110

（3）项目测量队职责

1）负责认真贯彻、执行国家有关施工测量的法律、法规、标准、规范及上级单位的各项管理制度。

2）负责制定本项目测量管理细则，规范测量工作流程，组织有序开展测量工作。

3）配合公司精测队，进行项目的交接桩、开工复测和竣工测量。实施控制测量、曲线要素复核、现场放样、监控量测等工程测量工作。

4）做好现场测量数据交底，定期对实体工程进行复核检查，发现测量事故，立即上报公司精测队，并参与调查、处理。

5）建立项目测量档案、台账，编制、收集、整理测量资料。

6）负责项目测量仪器的保管，建立项目测量仪器管理台账，严格按照测量仪器操作规程和测量作业程序，做好仪器的保养、检定工作，定期对仪器、设备进行性能指标检查。

7）组织项目测量人员进行学习、培训，积极参与上级单位组织的相关知识培训、技能竞赛等活动。

（4）测量成果交接

1）项目收到设计文件后，应及时办理测量资料交接手续，会同设计、监理等单位进行现场桩橛交接，办理相应交接桩手续。

2）测量人员暂离岗位时，应以书面形式办理相应工作交接手续，保证工程的顺利进行。

3）工程竣工后，应按设计单位或有关要求，备齐测量资料，竣工验收时，办理竣工测量资料的移交手续。

（5）控制测量

1）项目测量队接桩完成后，须清理桩址周围杂物，建立醒目标志并采取有效措施保护桩点不被破坏。

2）控制点的恢复及加密点的埋设需按测量方案进行。

3）项目测量队制定复测计划，填写申请表向公司精测队申请复测控制网。

（6）测量交底

1）工程技术部门在接收设计资料后，应立即对项目测量队进行设计技术交底，包括设计图纸、相关规范、标准以及施工组织设计、变更设计等。特别是结构施工图纸、设计变更后的图纸必须对测量队及时交底、分发。

2）测量放样前，现场技术人员应对测量队放样人员进行技术交底，须根据施工方式或施工工艺对测量人员进行交底，标示出放样结构的位置，不能单纯地粘贴复制图纸，如：结构物的中线、边线、角点位置还是中心位置，有外放需要的要写明外放量。

3）测量队放样前，根据工程技术部的交底和设计图纸，由两名测量人员分别计算放样坐标，一致后方可进行放样。在放样设站中需要对设站的精度效果进行检查，无问题后输入坐标进行放样。测量放样结束后，由施测人员对现场技术人员进行测量成果交底；交底应以书面形式进行，并执行签认手续；施工测量交底一式两份，现场技术员一份，项目测量队一份。

4）禁止口头进行交底、指示，测量人员对于口头形式交底不进行放样作业。同时也禁止测量人员放样后口头进行测量放样交底。

（7）测量复核

1）项目测量队须对作业队的测量数据及成果进行检核，频率不少于每周一次。

2）项目测量队应组织对设计文件的测量数据进行复核，由2名及以上专业测量人员进行，并记录、签认核对结果；若发现设计文件有误，应立即上报工程技术部，必要时报设计、监理、业主。

3）施工测量放样数据由测量人员计算，并由测量队长对测量成果进行复核签认。对工程项目的关键测量项目必须实行彻底换手复测，一般测量科目应实行同级换手测量。

4）测量外业工作必须多测回观测，并构成闭合检测条件。

（8）资料管理

1）测量资料包括设计文件、图纸、施工测量方案、测量成果报告、原始观测记录（含电子手簿）、计算成果数据、施工放样资料、测量检查资料等。

2）测量原始记录应使用专用的测量记录本／手薄。所有原始记录在现场须记录清楚，不得涂改，不得凭记忆补记、不合格时应重测。必须注明观测者、记录者、计算者、观测日期、气象条件、使用的仪器和觇标类型，并详细记载观测时的特殊情况。凡划去的观测记录，应注明原因，予以保存，不得撕毁。

3）项目测量队应设专人管理原始记录和资料，建立台账，及时收集和分类整理；项目工程完工后，测量队按交工验收的要求将测量资料编入竣工文件。

（9）测量仪器管理

1）新购测量仪器、设备及软件等均由项目申请，经公司审批后，由公司招标采购或从集采单位购置。采购的测量仪器应具有出厂合格证、保修卡和检定证书，并符合安全、环保和不危害职业健康的要求。

2）测量仪器软件调拨时，调出单位必须保证仪器在检定有效期内，填写测量仪器调拨单，双方单位测量队长签字后由调入单位交公司精测队备案，测量软件的调拨也按照仪器的调拨流程执行。

3）测量仪器的报废：仪器因严重老化或损坏，无法正常使用的，向公司精测队及物资设备部申请报废。

4）项目部应建立各自的测量仪器设备台账及测量仪器周期检定计划表，并建立项目测量仪器设备保管责任制，对仪器进行编号归类，指定专人负责管理，测量队长为第一责任人。

（10）事故报告及处理

1）发现测量事故，首先通知工点负责人及技术负责人，暂停错误部位施工，同时上报项目经理及公司，严禁瞒报事故及私自处理。

2）发生测量事故，由公司精测队组织进行调查处理。

（11）人员管理

1）测量人员须经培训合格后持证上岗，同时岗位应保持相对稳定，未经公司精测队及人力资源部同意，不得随意调动或更换岗位。项目部不得随意对测量人员进行随意调整、更换或转岗。

2）项目应制订测量人员培训计划，每年开展不少于两次测量人员理论知识或操作技能培训，并做好培训后的考核工作。

工程试验管理

工程试验检测工作是工程质量控制和验证质量结果的重要环节，其对于提高工程质量，加快工程进度、降低工程造价、推动工程施工技术的进步，起到极为重要的作用。它是工程设计优化、施工质量控制、施工验收评定、养护管理决策的主要依据。

1. 试验管理原则

试验管理应遵循统筹组织协调、分层分级监督、严格过程控制的原则。

2. 公司试验管理

（1）组织机构及职能分工

1）以基础设施业务为主的公司成立中心试验室，职数不少于4人，设置试验工程师岗位。公司成立具有检测资质的试验检测中心时，岗位设置根据检测规模及相关要求确定。

2）公司总工程师（技术负责人）是全司试验管理工作第一责任人，对本单位试验体系的建立、督促各项规章制度的落实、试验工作的有序开展负责。成立试验检测中心时，设置总工程师岗位，负责检测中心各项规章制度的落实及试验工作的有序开展。各公司应制定公司试验管理人员岗位责任制，各试验人员应按各自职责对试验工作负责。

（2）职能分工

1）负责与上级主管部门进行试验工作联系，认真贯彻执行国家、地方、行业主管部门有关试验的法律、法规、标准、规范以及上级单位发布的相关规章制度，组织本公司试验工作的有序开展。

2）负责制定本公司的试验管理办法，规范试验管理流程，并定期跟踪检查落实情况。

3）负责项目混凝土拌合物配合比的审核、审批，负责组织公司管辖范围重大项目和有特殊要求（抗渗、抗冻、抗侵蚀、耐久性、高强度）的混凝土配合比设计、特殊工程材料检测以及复杂结构和特殊结构的实体质量检测等工作。

4）负责定期监督指导、检查管辖范围内工程项目的试验工作，参与或协助重难点项目开展试验检测工作。

5）负责统计分析项目原材料质量检测及实体质量检测报表，建立试验管理控制台账。

6）负责监督、检查各项目部试验资料的内容、格式以及签认、存档是否符合要求，确保试验资料的及时性准确性和完整性。

7）负责公司范围内试验仪器和设备的统筹管理，建立试验仪器设备管理台账，掌握试验设备、仪器的使用状态，监督、检查试验设备和仪器的校验是否及时。

8）负责建立公司试验人员名册，定期组织试验人员进行专业知识学习和技能培训，积极参加上级单位组织的各类培训、竞赛活动，配合相关部门对试验人员进行绩效考核评价。

9）参与公司内质量事故的调查、分析和处理。

（3）人员及仪器设备管理

1）公司应制订试验人员培训计划，每年开展不少于两次试验人员理论知识或操作技能培训。

2）公司负责对本司试验仪器设备进行统筹管理，按根据项目规模为项目部配置试验仪器设备，并建立公司试验仪器设备台账。

（4）试验工作考核

1）公司应结合自身实际，制定试验工作激励与处罚制度。

2）公司对项目试验工作实施半年检查和不定期检查，对项目试验体系的运行、试验结果的准确性与及时性、试验仪器设备的检定与保管、试验资料编制与整理等工作情况进行检查。

3）因项目试验仪器管理不严、保管不善，影响正常使用或造成损失的，或因试验原因导致质量事故，给单位造成损失的，应对相关责任人员进行处罚。

3. 项目试验管理

（1）组织机构

1）项目部组建项目试验室，项目规模较大时可结合工程实际设置分试验室，现场根据需求设置标准养护室。

2）项目总工程师（技术负责人）是项目试验管理工作第一责任人，对项目试验体系的建立、督促各项规章制度的落实、试验工作的有序开展负责。项目应制定项目试验管理人员岗位责任制，各试验人员应按各自职责对试验工作负责。

（2）职能分工

1）负责认真贯彻、执行国家、地方、行业主管部门有关试验的法律、法规、标准、规范以及各上级单位发布的有关管理办法，执行授权母体试验室的规章制度，组织项目试验室管理体系有效运行。

2）负责制定项目试验管理细则，规范试验操作流程，组织有序开展试验检测活动。

3）负责项目试验室的筹建及授权申报及项目标准养护室的设置。

4）负责根据项目施工组织设计和相关要求，及时编制工程项目的试验检测计划。

5）负责在授权范围内组织开展试验检测工作。负责组织原材料、半成品、成品试验检测；组织进行配合比设计与优化；协助材料部门对原材料的质量进行管理；参加项目部工程质量检查；参与工程质量事故分析、处理以及竣工交验等。

6）负责协助相关部门开展技术创新工作，参与有关新技术、新材料、新设备、新工艺的推广和应用。

7）负责试验检测设备的日常管理，编报购置、维护、报废等计划，对新进场的试验设备进行验收，按要求检定、标识，并保存相关记录。

8）负责试验检测资料的管理，建立资料台账，按要求分类、编号、归档，按要求上报各类报表。

（3）试验室筹建

1）项目部应根据工程类型，结合工程规模和工程特点制定试验室筹建方案，报上级单位审核批准。

2）由项目部向母体检测单位提出申请，经母体机构审查验收合格后，下发相应的授权文件及检测项目，公路项目工地试验室需要到当地公路质监站备案。

3）项目试验室应纳入母体试验机构质量体系管理，制定与母体试验机构管理体系相匹配的管理制度。

4）项目试验室名称统一为"母体试验室名称＋项目经理部名称＋中心（工地）试验室"，有其他特殊要求时可参照执行。

5）项目试验室应结合工程内容，配置相应的仪器设备，设置相匹配的试验操作间、办公室。

6）试验室检测场地以及能源、照明、采暖和通风等配套设施应满足检测工作要求。

（4）试验工作间/标准养护室管理

1）水泥间应配备调温、调湿和标准养护设备，混凝土标准养护室应单独留置进出口，不得与其他工作间共用。水泥间、标准养护箱、混凝土标准养护室应有温度湿度记录，标准养护箱、混凝土标准养护室应有温度湿度校核仪器。

2）工作间要保证用电安全。电力线路布置要合理，仪器设备一机一闸，电源开关上标注仪器设备名称，避免误用开关造成仪器损坏。

3）工作间主要仪器设备操作规程和注意事项应上墙，并严格按规定的操作步骤进行检测操作。

4）仪器设备应有醒目的标识，并挂有仪器运转记录。

5）应制定工作间卫生值班制度，保持工作间良好的环境卫生。

6）应制定仪器设备维护、保养制度，定期进行维护、保养，确保仪器设备状态良好。

（5）试验检测

项目试验检测管理流程如图 8-4 所示。

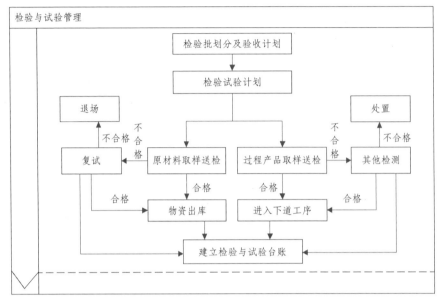

图 8-4 项目试验检测管理流程图

1）项目试验室应按相关标准、规范开展验证试验、标准试验、工艺试验、抽样试验、验收试验、外委试验。

2）项目开工前，项目部应组织编制物资（设备）进场验收计划、工程检验批划分及验收计划、工艺试验及现场检（试）验计划，确定验收依据、检验和试验内容等。

3）原材料必须先检测后使用，并做好检测记录、检测报告和登记台账，确保原材料质量的可追溯性。

4）拌合站试验人员应跟班作业，严格监控原材料质量及材料计量，负责检测混凝土拌合性能和制作检查试件。

5）现场试验人员应详细记录混凝土浇筑情况，认真填写工程试验日志。

6）对不合格的原材料，应提供试验检测结果，并报送上级有关部门研究处理，经处理的原材料应建立处置记录和处置台账。

7）材料检测应按要求留置样品，样品标示应唯一清晰，涵盖信息应齐全，专人保管，并对相关资料负保密责任。

8）对无授权的检测项目，应按要求委托有资质的检测单位进行检测，并收集外检单位相关检测资质。

9）项目试验室应根据相关要求建立试验资料档案，将试验记录、报告、台账统一分类、编号、归档，并与工程同步完成。

10）项目试验室每月底应统计项目原材料、实体质量检测情况，向公司报送原材料试验检测月度报表、实体质量试验检测月度报表。

（6）人员管理

1）试验人员须经培训合格后持证上岗。

2）试验人员因其工作特殊性，应保持相对稳定，不得随意调动或更换岗位。

3）项目试验室应定期组织本项目试验人员培训学习，并做好培训后的考核工作。

4）试验人员应加强自身业务学习，努力提高工作技能。

（7）仪器设备管理

1）项目部应对用于本项目的所有试验仪器设备建立管理台账，监督试验仪器设备的检定、校准、标识及保管等，确保其准确性。

2）项目试验室应制定仪器使用操作规程和维护保养制度，并建立仪器设备保管责任制，指定专人负责管理，保证试验仪器的正常使用寿命。

3）试验仪器设备技术指标经检查确实无法再满足使用标准要求或已严重损毁时，项目试验室可申请报废，由公司相关部门负责处置。

4）试验检测人员应自觉遵守有关安全生产的规定，正确使用仪器设备，严格执行操作规程，不得违章作业。

（8）试验保密和廉洁制度

1）试验检测结果是项目计量的原始依据，具有一定的法律效力，各项目应严格做好试验数据的保密工作，不得泄露相关资料和数据。

2）试验检测人员应严格遵守廉洁工作守则，公平、公正开展试验检测工作。

09 进度

进度管理

根据合同工期，按照项目策划要求，对工期进度目标进行管理，通过对前期征拆协调、过程资源组织、施工接口管理等关键环节进行重点管控，以信息化管理手段，及时对关键节点进行预控，最终实现工期履约目标。

进度计划编制
资源组织整合
关键节点管理
接口管理

工程履约

Contract Performance Management
of Construction Enterprises

进度计划编制

施工进度计划是施工组织设计的关键内容，是控制工程施工进度和工程施工期限等各项施工活动的依据，进度计划是否合理，直接影响施工速度、成本和质量。其目的是控制施工的进度，为确定劳动力和各种资源需求量提供依据。其编制原则是：从实际出发，注意施工的连续性和均衡性；按合同规定的工期要求，做到好中求快，提前竣工；讲求综合经济效果。

1. 施工进度计划主要分类

（1）控制性进度计划

项目部依据施工合同和投标方案、施工组织设计、项目实施策划书等文件要求，细化控制性进度计划，编制施工总进度计划、主要节点控制计划（开工前 10 天）、月度进度计划（每月 25 日前），报经公司、建设方、监理单位批准。

（2）作业性进度计划

项目部应按控制性进度计划要求，编制作业性进度计划：周进度计划、重要节点进度计划，并将计划落实到各专业或工区。

（3）分包商进度计划

项目部应要求各分包商提交符合工程总进度计划和控制性计划的总进度计划、节点控制计划、月度进度计划，报项目部审批后执行。

2. 施工进度计划编制

编制施工进度计划主要包括以下内容：

（1）收集原始资料

收集工程施工图纸、工程承包合同、施工方案、当地气候条件等。

（2）划分施工工序

通过对原始资料的分析，将一个工程项目划分为若干道工序，要求每道工序要有明确的任务内容，有一定的实物工程量和形象进度目标，能够满足指导施工的需要，完成与否有明确的判别标志。

（3）计算工程量

依据图纸计算各工序的实物工程数量，除计算实物工程量外，还应包括大型临时设施的工程，如场地平整的面积、便道的长度、临建的面积等。

（4）确定劳动量或机械台班数量

根据实物工程量，并依据定额、经验估算各工序所需要的劳动量和机械台班数量。

（5）确定各工序的工作时间

施工期限根据合同工期确定，同时还要考虑工程特点、施工方法、施工管理水平、施工机械化程度及施工现场条件等因素。根据工作项目所需要的劳动量或机械台班数，及该工作项目每天安排的工人数或配备的机械台数，计算各工作项目持续时间。有时，根据施工组织要求，如组织流水施工时，也可采用倒排方式安排进度，即先确定各工作项目所需要的工人数和机械台数。

（6）编制施工进度计划初始方案

确定开竣工时间和相互衔接关系主要考虑以下工作：

1）同一时期施工的项目不宜过多，避免人力、物力过于分散。

2）尽量做到均衡施工，使劳动力、施工机械和主要材料的供应在整个工期范围内达到均衡。

3）尽量提前建设可供工程施工使用的永久性工程，以节省临时工程费用。

4）急需和关键的工程先施工，以保证工程项目如期交工。对于某些技术复杂、施工周期较长、施工困难较多的工程，应安排提前施工，以利于整个工程项目按期交付使用。

5）施工顺序必须与主要系统投入使用的先后次序吻合，安排好配套工程的施工时间，保证建成的工程迅速投入使用。

6）注意季节对施工顺序的影响，使施工季节不导致工期拖延，不影响工程质量。

7）安排一部分附属工程或零星项目做后备项目，调整主要项目的施工进度。

8）注意主要工序和主要施工机械的连续施工。

明确各道工序间的逻辑关系，合理安排开工顺序，尽力做到均衡施工，把工程量大、技术难度高的作为关键线路，优先开工，把一些次要工程作为进度计划的调剂使用，保证进度计划符合合同的约定工期。项目的进度控制应以施工合同约定的竣工日期为最终目标。

（7）编制施工进度计划图

绘制施工进度计划图，首先选择施工进度计划表达形式，常用的有横道图和网络图。横道图比较简单直观，多年来广泛地用于表达施工进度计划，作为控制工程进度的主要依据。但由于横道图控制工程进度的局限性，随着计算机的广泛应用，更多采用网络计划图表示。战线长的工地的流水作业安排应以工程量大、工期长的工程为主导，组织若干条流水线。

（8）进度计划的调整优化

编制进度计划初始方案后，再次综合分析各种因素并优化施工顺序，尽量缩短关键线路的持续时间，留出调整余地，需要对其进行检查与优化调整，使进度计划更加合理，需检查调整的内容包括：

1）各工作项目的施工顺序、平行衔接和技术交叉是否合理。

2）总工期是否满足合同规定。

3）主要工序的工人数能否满足连续、均衡施工的要求。

4）主要机具、材料等的利用是否均衡和充分。

（9）进度计划编制管理

施工进度计划编制管理流程如图 9-1 所示。

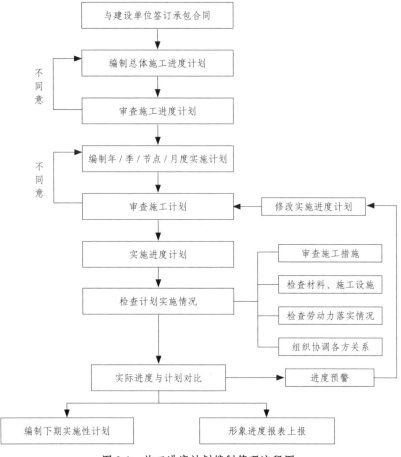

图9-1 施工进度计划编制管理流程图

资源组织整合

1. 项目组织管理

项目启动后，企业在进行项目策划时，应综合考虑项目的战略定位，并按中标后确保人员能够就位的原则，拟定项目经理（执行经理）、主要管理人员及数量。拟任项目经理及项目主要人员由企业人力资源部门与项目管理部门及其他有关部门会商提出,经企业主要负责人批准后确定。项目中标后,企业组建项目部,任命项目班子成员。如企业需更换项目经理,应征求建设方意见,并应符合相关法律规定。

项目部制定组织机构方案,经企业批准后实施。项目部组织机构建立后,企业人力资源部门根据满足现场管理、符合成本控制和有利于企业人才培养的原则,将有关人员派往项目部或召回企业另行安排。企业按实际情况确定项目部所需人员的数量。在满足人员基本需要的情况下,岗位设置时可一专多能、一岗多责,适当缩减编制。项目部的部门及岗位设置可依据施工进程可进行动态调整。人员派往项目部时,应按照《项目部岗位说明书》确定人员职责,项目实施过程中根据人员工作职责的变化对岗位说明书进行必要的调整完善。

2. 物资设备组织

(1)由企业组织对分供商进行资格审核、现场考察,考察重点包括企业资质、生产及供应能力、生产工艺、质量管理、环境管理、职业健康安全管理、业绩、售后服务、产品质量维护等情况,将考察报告上传"集采平台"。分供商应具有一般纳税人资格。考察合格的分供商经企业审核批准后,进入"集采平台"合格分供商名录。项目部对分供商进行过程考评,企业对分供商进行年度考评。考评的主要内容应包括:资信情况、供应的及时性、供应物资及设备质量、售后服务及时性、廉政责任书的落实等。项目部根据《项目部实施计划》,向企业申报物资及设备需求计划,企业组织物资及设备的采购或调拨。对于建设方提供的物资及设备,项目部应按合同约定及施工进度计划向建设方提出物资及设备需求计划。

(2)根据施工设备需求计划,通过内外租赁方式为项目部提供所需的施工设备。项目部根据现场实际需要,有计划组织施工设备进(退)场,编制进(退)场安(拆)装专项技术方案,经企业批准后方可实施。施工设备进(退)场时,项目部要对其完好状态、安全及环保性能进行验收时出租方、承租方、安装单位、项目部设备工程师要共同到场验收签字,项目部设备工程师做好验收鉴定记录。

3. 分包资源组织

公司组织对分包商进行资格审核、现场考察,重点考察分包商是否具有一般纳税人资格,以及其施工技术、质量管理、环境管理、安全及职业健康管理、综合管理能力、类似工程业绩等情况,将考察报告上传"集采平台"。企业按程序评审分包合同或变更,在与分包商签订分包合同、廉政责任书及安全生产责任书后,项目部组织分包商进场施工。

关键节点管理

1. 关键节点分级管理

企业依据合同总工期和合同节点工期的约定,统筹确定各项目主要工期节点计划。项目部依据《施工组织设计》、合同文件等,编制总进度计划、节点控制计划。将工期节点分为重要节点(一级节点)、控制节点(二级节点)和关键节点(三级节点)。

重要节点(一级节点):合同规定的节点,即与业主签订的主合同约定的法律性工期节点。

控制节点(二级节点):企业规定的节点,即桥梁合龙、主体封顶、竣工验收等企业规定的控制性工期节点。

关键节点(三级节点):项目部计划的节点,即按规定批准后的施工总进度计划中关键线路上的关键性工期。

项目总进度计划、节点控制计划由项目经理组织,项目总工程师、生产经理、各专业工程师参与讨论确定,项目审核后报公司、分公司工程管理部门审批,再报监理及建设单位审批。

09 进度

进度管理

项目施工总进度计划经批准后,项目工程管理部门应根据施工总进度对重要工期节点、控制工期节点进行编制,并报公司/分公司工程管理部门审批,公司/分公司与项目签订年度生产责任书,对重要工期节点、控制工期节点进行考核。

2.节点进度预警机制

集团(局)、公司/分公司工程管理部门对审核批准后的工期节点进行控制、考核机制在生产责任书中约定;集团(局)、公司定期召开季度或月度生产会,协调各类资源,帮助项目解决问题,推动项目施工生产。

集团(局)、公司/分公司负责监控项目部工期情况。集团(局)每月通报各公司、局直管项目的生产产值、重要工期节点、控制工期节点、节点履约督导情况;公司每月通报各分公司、直管项目重要工期节点、控制工期节点情况;分公司每半月通报分公司所属项目重要工期节点、控制工期节点情况。当项目重要工期节点、控制工期节点发生滞后时,集团(局)、公司/分公司的通报中要发出预警信号、明确督导责任单位、责任人、整改措施和考核标准,督导责任单位负责对项目整改措施实施结果进行考核。工期节点预警见表9-1。

工期节点预警   表9-1

重要工期节点滞后天数	控制工期节点滞后天数	预警级别	督导责任单位
5 天	10 天	蓝色	分公司督促项目部整改
15 天	30 天	黄色	公司相关部门现场督促整改
30 天	60 天	橙色	公司分管领导、集团(局)部门现场督促整改
60 天	90 天	红色	公司主要领导、集团(局)分管领导现场督促整改

3.进度信息化管理

建筑企业信息化是企业管理的未来发展方向,企业可以利用进度管理系统、协同平台、进度管理APP等信息系统建立项目进度管理信息平台，采用信息化的手段，方便、快捷地了解项目进度进展情况、节点履约情况，并实现节点进度预警和进度督导跟踪。

（1）进度分级管理

项目进度信息化管理分为项目级、公司级、集团（局）级三级管理。

1）项目级：项目经理为项目生产、进度履约第一责任人，项目工程管理为主要责任部门，主要负责项目生产产值、现场进度情况的录入，节点设置、进度问题收集、汇总、反馈、整改、进度预警销项。

2）公司级：公司总经理为公司级生产、进度履约第一责任人，公司工程管理为主要责任部门，主要负责收集汇总分析公司所属的各项目生产产值、现场进度节点履约情况，同时对公司级进度节点预警问题进行监督。

3）集团（局）级：企业法定代表人为集团（局）级生产、进度履约第一责任人，集团工程管理为主要责任部门，收集汇总分析集团（局）所属的各公司、各项目生产产值、现场进度节点履约情况，同时对集团（局）级进度节点预警问题进行监督。

（2）进度管理系统

生产进度管理系统主要实现两个方面目标：一是企业级生产监控看板，通过数据可视化等技术手段，实现集团（局）生产管理数据分析，产值、形象进度统一同步，生产管理逐级穿透，预警偏差分析溯源；二是项目级生产管理工具，通过使用项目生产进度管理系统，规范基础管理工作，实现项目现场生产管理数字化、信息化。主要管理指标应包括：

项目产值：分析项目合同额、开累完成产值及开累完成产值占合同额百分率（开累即为"自开工以来累计"）。

形象进度：根据道路工程、桥梁工程、隧道工程、地铁车站工程、盾构区间工程、管廊工程等不同专业，分析项目各单位工程中主要分部分项工程形象进度完成情况。如隧道工程形象进度，还可自行判断步距是否符合安全步距要求，若步距超标，则形象进度分析图上即刻显现不同颜色的报警信息。

工期节点：分析合同工期、责任目标工期、实际开工日期及剩余工期，同时重点分析项目具体的重要工期节点和控制性工期节点。

节点预警：分析项目关键节点从项目首次策划至最新调整计划时的具体情况，及该项目关键节点的实际运行状态。

进度报告：以日报、周报、月报或自定义报表形式展现项目各阶段的施工情况。

工程动态：从项目策划管理、履约督导和考核表彰等方面反映项目履约管理动态。

施工记录：以完成施工任务为基准，记录每日完成施工任务量、天气、温度、湿度、环水保、质量及安全情况等。

通过生产进度管理系统的成熟应用，实现工期履约提前预警，为企业管理者提供决策依据，提高项目工期履约管控效率，提前介入帮扶项目，及时解决困难，实现工期完美履约。

接口管理

工程项目接口的划分方式较多，按不同的划分标准，接口类别不同。

按专业系统划分：分为土建、机电安装两大专业。有土建与土建接口、土建与机电安装接口、人防与安装接口。同一阶段的不同子系统之间或不同阶段的同一子系统之间都存在着接口。

按阶段划分：分为设计、采购、施工、试运行等阶段。各阶段内存在接口，不同阶段之间同样存在接口问题。

按性质划分：可分为实体、组织、合同三类。实体接口是指两个或多个建筑结构要素或部位的实体连接。组织接口是项目参与各方相互协调作用产生的。合同接口是指合同中对合同双方责任、权利、义务界面的划分。

按范围划分：分为工程内部与外部接口。内部接口如施工工序衔接、施工缝、预留孔洞等。外部接口指与项目建设和运营相关的市政、规划、土地、园林、环保等政府部门及社会公众之间的接口。

履约管理
Performance Management

1. 接口管理体系建立

（1）接口管理组织机构

为保证有效协调和沟通，成立以项目（项目经理部）经理为组长，项目（项目经理部）副经理（征拆协调）、项目（项目经理部）技术负责人为副组长，项目（项目经理部）征拆协调部负责人、各职能部门和各工区（项目部）负责人为成员的接口协调管理小组。

（2）接口管理职责划分

1）组长：负责建立健全工程接口管理体系、组织制定接口管理计划、负责全线重大接口协调管理。

2）副组长（征拆协调副经理）：负责落实日常政府部门、发包人、监理和各工区项目部及专业分包的接口协调管理。

3）副组长（技术负责人）：负责协调设计、监理和各工区项目部技术接口管理。

4）项目部征拆协调部：作为项目部接口管理职能部门，负责协调指挥部各职能部门落实接口管理，组织工区项目部落实接口管理。

5）项目部各职能部门：按其职能落实各项接口管理要求。

6）各工区项目部：按照项目部接口管理协调部门及项目部各职能部门的接口管理内容要求，落实施工现场的接口管理。

2. 接口计划

根据其他单位提出的接口条件提前编制接口计划，接口计划见表9-2：

接口计划表   表9-2

序号	接口主体	接口时间	主要接口部门
1	发包人	工程开工 - 工程质量保修完成	项目经理部商务合约部、安质环保部及相关部门；工区项目部相应部门
2	监理	工程开工 - 工程质量保修完成	项目经理部技术设计部、工程管理部、商务合约部、安质环保部及相关部门；工区项目部相应部门

09 进度

进度管理

序号	接口主体	接口时间	主要接口部门
3	设计	工程开工 - 工程竣工	项目经理部技术设计部、工程管理部；工区项目部工程管理部
4	勘察	工程开工 - 工程竣工	项目经理部技术设计部、工程管理部；工区项目部工程管理部
5	园林部门	工程开工 - 绿化恢复	项目经理部征拆协调部及相关部门；工区征拆协调部相应部门
6	管线产权单位	工程开工 - 管线移交	项目经理部征拆协调部及相关部门；工区征拆协调部相应部门
7	土地征地拆迁部门	工程开工 - 工程竣工	项目经理部征拆协调部及相关部门；工区征拆协调部相应部门
8	城市道路管理部门	工程开工 - 道路恢复	项目经理部征拆协调部及相关部门；工区征拆协调部相应部门
9	供电部门	工程开工 - 工程竣工	项目经理部征拆协调部及相关部门；工区征拆协调部相应部门
10	市政给水排水部门	工程开工 - 工程竣工	项目经理部征拆协调部及相关部门；工区征拆协调部相应部门
11	铁路部门	盾构穿越铁道施工阶段	项目经理部征拆协调部及相关部门；工区征拆协调部相应部门
12	政府监督部门	工程开工 - 工程质量保修完成	项目经理部商务合约部、安质环保部及相关部门；工区项目部相应部门
13	环保部门	工程开工 - 工程质量保修完成	项目经理部安质环保部、工程管理部及相关部门；工区项目部相应部门
14	相邻标段	工程施工 - 工程质量保修完成	项目经理部工程管理部及相关部门；工区项目部相应部门
15	其他承包人	工程施工 - 工程质量保修完成	项目经理部征拆协调部、工程管理部及相关部门；工区项目部相应部门
16	内部接口	工程开工 - 工程质量保修完成	项目经理部工程管理部、安质环保部及相关部门；工区项目部相应部门

3. 施工接口界面协调配合措施

接口界面包括相邻标段的施工接口、土建工程与后续工程的施工接口，如测量控制网互用、预埋件（或预留孔洞）位置和尺寸的控制、施工信息互通、控制桩点贯通测定、水准点相互闭合等在施工中作为重点进行管理。

（1）成立现场施工协调小组，由项目副经理、项目总工程师任组长，各专业部门（或技术）负责人任组员的现场施工协调小组。全面负责施工过程中出现的各种问题。

（2）协调小组成员共同熟悉设计文件、施工图纸及相关规范，了解设计意图，小组成员首先在技术方面达成共识。

（3）施工前，参照设计施工文件与图纸，认真了解和熟悉各种专业接口。

（4）熟悉施工接口部位及主要内容，制定各种可能引起接口部位发生质量问题的预防措施。

（5）每一接口界面施工过程中，设专人负责接口施工协调，充分了解自身的职责和权限，确保业主及监理工程师的指令有效实施。

4. 与当地政府主管部门的配合措施

施工期间，积极与地方政府、村镇及有关治安、交通安全、质量监督、环境、水运等部门联系，主动争取地方政府的指导和支持，遵守国家及地方政府的有关法规，配合地方政府做好施工区域内的治安、交通、环境保护等工作，确保施工的顺利进行。

5. 与征地拆迁单位等部门的配合措施

（1）上场后立即成立征地拆迁领导小组，由分管协调的项目副经理任组长，配备专职人员负责此项工作。

（2）征地拆迁工作涉及路内外诸多产权单位，实施过程中需要取得产权单位的认可，需要产权单位进行配合；征地青赔等问题需要取得地方政府的大力支持；迁改施工将会对沿线人民群众的生产生活带来一定的影响，需要取得人民群众的理解。我们将把征地拆迁协调配合作为施工组织管理的重点来抓，确保征地拆迁工作顺利实施。

（3）上场后密切配合业主及地方政府做好征地拆迁工作，保证重点工程和先期开工区段的先行用地，保证开工的需要。

（4）征地拆迁必须根据本标段总体施工进度全面推进，分重点工程、先架梁区段依次安排进行。对于拆迁工程量较大、内容复杂，必须提前安排。由于该项工作具有政策性强、牵扯面广、难度大等特点必须予以高度重视，尤其准备阶段和开工前期，应提早介入，争取主动，积极配合工作，争取得到地方有关部门的大力配合，保证其按期完成，不影响正式工程进度。

（5）征地拆迁工作以保证控制工期工程按时开工为首要工作，依次解决影响线下、电气化等工程施工的迁改问题。拆迁工作要突出顺序、统一、一次到位的原则，杜绝二次拆迁、重复拆迁。

6. 与甲方的配合措施

（1）严格执行甲方有关工程质量、工期、安全、文明施工、环境保护的管理制度；严格按照甲方同意的施工场地平面图布置施工场地，按时向甲方报送有关报表。

（2）积极参加甲方组织的有关施工的会议，主动配合建设单位的各项检查工作，接受甲方对施工提出的各项要求，按甲方的要求进行改进和落实。

（3）严格执行甲方关于与地方政府行政主管部门、设计单位、监理单位的协作配合，积极主动为相关单位的检查、监督工作提供条件。

（4）在相邻标段出现紧急情况时，按照甲方的要求协助解决。

7. 与监理咨询的配合措施

（1）全面履行合同，履行投标时作出的关于质量、工期、安全、环境保护、文明施工等方面的承诺。

（2）在工程开工前，先向监理工程师提供详细的施工方案、施工计划，提供机械设备配置情况、人员组织情况、原材料检验报告、混凝土配合比设计成果、控制测量导线网的布置及测量成果、放线资料等，经监理工程师认可后开始施工。

（3）配合监理单位做好施工过程中的质量管理。在内部专检及"三检"制的基础上，接受监理工程师的验收和检查，并按照监理工程师的要求予以整改。和监理共同参加对隐蔽工程进行检查、验收、签证工作，对原材料、施工机械设备的检查和施工工艺的审批等。

（4）接受工程质量检查，主要有工序检查、施工过程中的验收、单位工程验收和全部工程竣工验收，接受质量缺陷责任期的质量检查。

（5）配合监理单位做好工程施工的投资管理工作，主要内容包括工程的计量支付、工程变更、工程索赔以及按照合同规定的价格调整等。

（6）积极配合监理单位对工程施工进度的监督和管理，配合监理单位做好工程开工令审批，制定和调整工程施工进度计划，确保工程施工工期计划的实现。

（7）对于技术复杂的项目，施工过程中虚心接受监理、咨询部门的指导意见，按照咨询部门的要求做好施工中技术和工艺的改进工作。

8. 与设计的配合措施

（1）组织参加设计交底，弄清设计意图，建立整个施工过程中的情况通报制度，对工程施工过程中遇到的设计问题做好记录，及时与设计单位取得联系。

（2）优化施工方案。重大施工方案的变更与设计单位沟通，征求意见。

（3）加强对工程地质条件及水文地质条件的复核检查，对于与设计资料不符的地质情况及时与设计单位取得联系，为完善工程设计提供必要的资料。

（4）积极配合设计单位做好设计管理和现场资料的收集工作。

9. 与勘察的配合措施

（1）积极与勘察单位沟通，接收控制测量和地形测量成果，并进行复测，将复测结果反馈给勘察单位。

（2）当遇到特殊地质条件或复杂地质条件时，与勘察单位充分沟通，并按需组织进行相应的加密补勘工作。

10. 与第三方检测单位的配合措施

（1）施工过程中，需要第三方检测的项目较多。为此，施工前制定详细的需要第三方检测计划，并报业主、监理及第三方检测单位。

（2）积极与第三方检测单位取得联系，掌握第三方检测的有关规定；检测过程中，积极配合，为第三方检测单位提供条件，虚心听取意见，保证检测工作的顺利进行。

（3）对需要第三方检测的项目，提前与检测单位沟通，按照检测单位的要求，提前做好各项准备工作。对存在缺陷的项目，严格按照规定进行整改。

11. 与线路跨越的铁路、公路部门的配合措施

（1）与公路交通部门的配合措施

1）主动与当地交通部门取得联系，协调配合，确定合理的施工运输方案，按有关部门具体要求制定安全防护措施。

2）施工机动车辆在国道或地方道路上运行，遵守地方政策和交警部门的管理规定，遵守《中华人民共和国道路交通安全法》，维护交通秩序，保证运输安全。

3）所有机动车辆始终保持完好状态，经常检修，定期保养。

4）施工所用机械设备、材料存放不侵入既有公路，且不影响交通。

5）大型机械行驶，事先要对既有公路的路面宽度、桥涵宽度和通过荷载等进行调查，需加宽道路和加固桥涵时，与当地交通部门联系，征得同意后方可进行。车辆通过后或施工结束后，恢复原状。

6）施工便道和既有公路交会处，引起足够重视，设立安全警示标志、安全监督岗，并专人指挥施工车辆。

7）在交通运输忙的便道口，设立安全警示标牌、安全监督岗，设专人指挥行人和车辆，确保汽车运输及行人安全。

（2）与线路跨越的铁路部门的配合措施

1）进场后积极与沿线铁路部门取得联系，掌握线路跨越的详细情况，按照铁路部门的具体要求，制定切实可行的安全防护措施。

2）跨越既有线及既有线改造施工前，按照对既有线运营的影响程度，详细编制申请"天窗"的计划，上报铁路主管部门审批。施工过程中，加强与既有线运营单位的工务、电务、车务、机务等部门的配合和联系在"天窗"规定的时间范围内做好对既有线的防护和保护工作，做到"天窗"时间以外恢复既有线的原貌。

3）运输车辆跨越既有铁路时，要提前与铁路道口主管部门联系和沟通，按照铁路相关部门的规定，做好安全防护工作。

12. 与相邻施工单位的配合措施

（1）在施工场地布置、贯通测量、施工作业安排、施工便道使用及养护等方面与相邻标段加强配合，以保证布置合理，少占耕地、农田，保证施工顺利进行。

（2）积极主动与"四电""站场"等施工单位联系，统筹考虑施工场地、临时设施的布置，合理安排不同专业相连的工程施工顺序，做好施工配合，减少施工干扰。

（3）及时做好已完线下工程的技术总结工作，为后续工程的施工提供各方面支持，配合后续有关单位进行相关作业。

13. 与后续工程配合措施

（1）成立现场施工协调小组，由项目副经理、项目总工程师任组长，各专业技术负责人任组员的现场施工协调小组，全面负责施工交接过程中出现的各种问题。

（2）凡后续工程施工对上道已完工程会产生损伤或污染的，施工前必须先采取对应的保护措施后方可进行施工。

（3）各专业之间的衔接及内部协调管理必须服从经理部或项目部的统一安排。本标段与其他单位的工序衔接时，必须积极配合业主及监理工程师的统一协调指挥。

（4）后续工程施工之前，上道已完工程必须提供必要的施工、技术条件，并设专人在上下工序的衔接中做好协调工作。

（5）上道已完工程验收合格并经现场监理工程师签认后方可进入后续工程的施工。相互之间的衔接必须合理安排并做到顺利过渡。

14.沿线及既有设施保护措施

对设计、测绘单位布设（埋设）的水准点、GPS控制点、线位控制桩等进行保护，不得随意挪动和损坏。

地下工程施工严密注视地下管线的安全，施工前先与有关产权单位联系，请求配合，查明地下管线走向和位置，做到"三不施工"：即不摸清地下设施位置不施工，影响设施正常运转不施工，没采取有效防护措施不施工。

采取电缆探测器和挖探沟等行之有效的手段探明电缆管线的确切位置，作出明确的标志。杜绝在电缆、光缆、管道3m范围内使用大型机械作业。

电缆附近规定区域内禁止取土，施工车辆横跨电缆时，要采取保护措施，防止损坏电缆。

因施工影响周围构筑物时，制定切实可行的加固、支撑或改移方案，在征得产权单位和建设单位同意后实施，采取措施加强防护，绝对保证其安全使用。

工程施工或高空施工作业邻近既有建筑物地段，根据施工需要及时对邻近建筑物采取加固支护措施。作业排架搭设与建筑物间保证一定安全距离，并增设围护结构和隔离屏障。用以保证建筑物不因施工而影响其安全和正常使用。

如果由我方施工不当造成周围构筑物的损失，我方愿意承担相应的赔偿责任，并主动联系有关部门，及时采取相应的措施处理，减少损失，确保安全生产。

爱护地方名胜古迹、历史文物等旅游资源。爱护一草一木，制定相关奖罚制度，做好环境保护。

15. 总承包内部接口管理

（1）主体工程与其他合同的接口管理措施

合同执行过程中分别从总承包项目经理部及工区项目经理部两个层面对本接口进行管理。

1）总承包项目经理部

①项目经理部前期协调部和各工区项目经理部前期工程部作为本接口管理的主责部门，负责与项目经理部相关部门、监理单位、政府各相关部门以及管线施工单位建立日常工作联系。

②项目部与供电、水务部门协调，了解相关部门就接口的具体要求，制定详细的接口管理计划和接口管理文件，下发各工区项目经理部执行。

2）各工区项目经理部

各工区项目经理部依照合同的工作范围和接口计划及管理文件的要求，完成自身的相关工作，积极给管线单位进场创造条件。派专人配合管线单位的施工，协调接口管理的相关事宜。

（2）主体工程内部各专业间的接口管理措施

项目内部接口主要包括工作面协调交接（盾构始发井、吊出井、空推段、轨行区以及车站、区间结构、设备管理用房）、设备材料供应、预留预埋件交接、各专业交叉施工安排以及空间关系方面的协调等内容。主要管理措施如下：

1）项目工程部作为本接口管理的主责部门，负责与业主相关部门、监理单位建立日常工作联系。

2）根据项目内部接口实际情况，做好接口管理筹划，制定相关的管理计划、实施办法，建立健全组织机构、落实接口责任，保证内部接口顺利实施。

3）建立内部例会沟通协调机制，项目定期召开各种生产协调会。

4）落实里程碑工期、节点工期要求，对关键节点实行全程、动态跟踪，对过程中出现的问题及时纠偏，确保各作业面按期完成交接。

5）根据施工阶段落实地盘管理单位，明确地盘管理责任，制定相应管理办法，落实安全质量管理和成品保护责任，严格执行工作面交接验收签字制度。

6）做好各专业设计图纸交叉会审工作，就结构标高、尺寸、装修要求、管线的平纵断面等相互位置关系进行会审，避免交叉干扰。

10 质量

质量管理

百年大计，质量为本，工程质量是企业的生命。质量管理是一项系统工程，必须运用一整套质量管理体系、手段和方法进行系统管理，尤其在施工过程的质量检查-整改-销号环节中，通过有效运用信息化管理方法，可大幅提升质量管理效率。

质量管理计划编制
原材料质量管理
施工过程质量控制
质量红线监督管理
质量复核与验收
半成品、成品保护
质量事故处理

工程履约

Contract Performance Management
of Construction Enterprises

质量管理计划编制

1.编制原则

（1）工程正式开工前由公司与项目部进行项目质量策划，项目依据项目策划组织编制《项目质量计划》。

（2）对于中小型工程或施工图纸能够一次基本到位的工程，项目应于开工初期完成质量计划的第一版的编制工作。

（3）对于大型工程或施工图纸分阶段到位的工程，一般可按投标阶段或施工阶段来编制项目质量计划。原则上应在该阶段开始施工前的一个月内完成。

（4）工程施工进行过程中，项目应根据实际情况逐步完善项目质量计划，以确保对项目管理的实际指导作用。

2.编制方法

（1）质量管理计划所提及的各项内容，在编制过程中均应有所反映。

（2）质量管理计划阐述每一过程活动时，应将相应程序文件的原则规定展开为该项目某过程活动的具体管理要求和做法（包括：活动的对象、责任者以及相应的活动时间、地点和方法），确保其具备较好的可操作性和可检查性。

（3）质量管理计划流程如图 10-1 所示。

3.项目质量计划的结构及编制内容

（1）工程概况

主要包括：工程名称、建设地点、工程规模（建筑面积、总投资或工作量）、计划开竣工日期、结构类型、工程的主要特点、现场环境条件、按合同要求承担的工程范围以及工程的业主单位、设计单位、监理单位、第三方质量监督机构名称等。为简化文字，以上内容可列表说明。

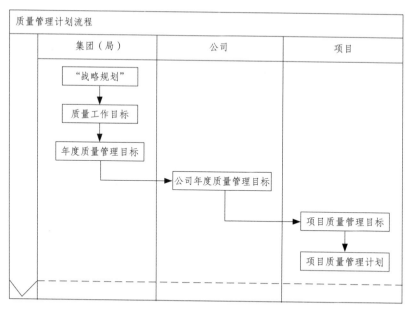

图 10-1 质量管理计划流程

（2）总则

1）项目总目标

①根据项目策划，确定该项目的质量总目标和分项控制指标。

②分项控制指标应包含：质量通病（尺寸偏差、空鼓开裂、渗水漏水、蜂窝麻面等）控制指标；对业主／监理投诉的次数控制指标；资料的准确、及时性指标等。

2）质量计划编制依据

①项目工程合同（合同名称及合同编号）。

②项目策划文件。

③集团（局）质量手册、程序文件及相关职能管理手册等。

3）工程验收准则

列出本工程各分部分项工程的施工质量验收规范目录（最新版本）。

4）质量计划的管理

说明质量计划的编制、审核、批准以及修订的相应职责。

10 质量
质量管理

（3）组织机构与职责

1）质量管理组织机构图

质量管理组织机构如图 10-2 所示。

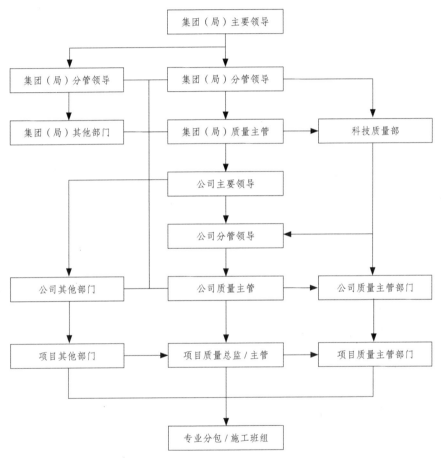

图 10-2 质量管理组织机构图

2）管理职责

各层级在建立质量管理组织体系的过程中，应要求各岗位签订管理责任书，明确各岗位管理职责，各岗位管理职责具体内容如表 10-1。

履约管理
Performance Management

质量管理职责 表 10-1

管理层级	机构名称	管理职责
集团（局）	集团（局）主要领导	组织制定质量方针和目标；建立质量管理的组织机构；培养和提高员工的质量意识；建立企业质量管理体系并确保其有效实施；确定和配备质量管理所需的资源；评价并改进质量管理体系。主持集团（局）质量管理委员会会议
	分管领导	组织集团（局）质量管理体系运行工作；组织制定并落实集团（局）的工程质量管理方面的规章制度；组织工程质量教育活动；组织本企业工程质量检查工作；定期组织召开工程质量管理工作会议；组织对工程质量事故的调查分析；组织制定预防和纠正措施。 组织编制企业工程质量技术标准；组织开展工程质量技术研究工作；研究、制定解决工程常见质量问题的技术措施；审核、批准重要工程的施工组织设计、专项技术方案或措施；为工程质量事故的调查分析提供技术意见
	质量主管部门	制定工程质量管理方面的规章制度并监督、检查、落实；开展各种质量教育活动；与本企业的技术管理部门共同编制本企业工程质量技术标准；编制本企业年度工程质量创优计划及创优滚动计划并负责落实；组织对在施工程的质量检查并督促项目对质量缺陷的整改；负责对企业各单位、项目的工程质量进行考核评比；组织开展全面质量管理活动，促进质量管理持续改进；参加工程质量事故的调查、处理工作
	专业事业部	制定所属专业工程质量管理方面的规章制度并监督、检查、落实；开展各种质量教育活动；组织对所属专业在施工程的质量检查并督促项目对质量缺陷的整改；负责所属专业项目的工程质量进行考核评比；组织开展所属专业质量管理活动，促进质量管理持续改进；参加所属专业工程质量事故的调查、处理工作
公司	总经理	根据集团（局）质量方针和目标制订本公司质量目标；建立质量管理的组织机构；培养和提高员工的质量意识；建立公司质量管理体系并确保其有效实施；确定和配备质量管理所需的资源；评价并改进质量管理体系。管理公司质量管理领导小组
	总工程师	组织本公司质量管理体系运行工作；落实集团（局）工程质量管理方面的规章制度，并根据公司实际情况制订相应的工程质量管理方面的规章制度；组织工程质量教育活动；组织本公司工程质量检查工作；定期组织召开工程质量管理工作会议；组织对工程质量事故的调查分析；组织制定预防和纠正措施
	主管部门	监督、检查、落实工程质量管理方面的规章制度；开展各种质量教育活动；根据集团（局）创优计划编制本公司年度工程质量创优计划及创优滚动计划并负责落实；组织对在施工程的质量检查并督促项目对质量缺陷的整改；负责对公司各项目的工程质量进行考核评比；组织开展全面质量管理活动，促进质量管理持续改进；参加工程质量事故的调查、处理工作

10 质量
质量管理

管理层级	机构名称	管理职责
项目	项目经理	保证国家、行业、地方及企业工程质量规章制度在项目实施中得到贯彻落实；按照企业的有关规定，建立项目的工程质量保证体系并保持其有效运行；贯彻落实企业总体工程质量目标和质量计划，并主持编制项目的质量管理策划，确定质量目标；组织项目有关人员编制施工组织设计、专项施工方案或技术措施；参加项目的工程质量专题会议；及时向上级报告工程质量事故，负责配合有关部门进行事故调查和处理
	项目总工	认真执行有关工程质量的各项法律法规、技术标准、规范及规章制度；保证项目质量保证体系的各项管理程序在项目施工过程中得到切实贯彻执行；根据企业及合同质量目标组织编制质量策划；组织项目的质量检查，对质量缺陷组织整改并向项目经理报告；组织项目的质量专题会议，研究解决出现的质量缺陷或常见质量问题；组织工程各阶段的验收工作；组织对项目部人员的质量教育，提高项目部全员的质量意识；及时向项目经理报告质量事故，负责工程质量事故的调查，并提出处理意见。严格执行国家工程质量技术标准、规范的各项规定；编制施工组织设计、专项施工技术方案和施工措施，并及时上报企业有关部门和技术领导批准；组织编制项目质量技术交底文件并进行交底；检查施工组织设计、施工方案、技术措施、质量技术交底的落实情况；参加项目质量验收工作；参加质量事故调查，分析技术原因，制定事故处理的技术方案及防范措施；负责项目部各岗位质量职责履职考核评价
	质量工程师	参加对施工作业班组的质量技术交底；每天对施工作业面进行施工质量巡视检查或旁站监督；对各分部分项工程的每一检验批进行实测实量等复检工作，组织内部质量验收和质量等级评定；会同建设方、监理方共同对每一检验批进行外部质量验收；发现施工质量存在隐患或经检查施工质量不合格时，应立即要求停止施工，并立即向项目部分管领导报告；参与项目质量事故的调查和处理；组织项目操作人员开展质量竞赛活动；做好质量工作日志
	现场工程师	严格按施工程序组织施工；负责工序预检；对质量工艺和成品保护进行交底；及时安排返工；核实材料来源并督促材料选样送检；做好施工日志；记录并收集本专业的工程技术质量保证资料（原始记录），并及时反馈资料员

（4）文件资料的控制

1）明确该项目主要受控文件的范围：质量体系文件及第三层次文件、标准规范类文件、合同类文件、图纸类文件、施工技术方案类文件以及与质量有关的外来文件等均属受控文件的范畴。

2）规定该项目对受控文件的收、发、拷贝、回收、作废、销毁等方面工作的方法及责任者。

3）规定对受控文件的标识、编号方法及责任者。

4）规定对分包商受控文件的管理方法及责任者。

5）规定发生文件资料变更（如设计变更、工程洽商）时，在原文件上的标注方法及责任者。

6）明确文件资料、收集、归档的方法及责任者。

（5）与产品有关要求的确定与评审

因项目主要是负责执行项目合同和参与合同修订工作，故该计划不包括招标文件与合同文件签订前的与产品有关要求的确定与评审工作。

1）对合同修订的管理

当业主提出修订合同条款时，明确由谁负责与业主洽谈、协商，谁组织对修订后的条款进行评审。

评审的主要内容为：工期是否能够保证；特殊技术要求是否能够达到；施工质量是否能够保证等。

评审的方式可为会议评审，也可以是传递评审。应说明会议评审由谁组织，传递评审应涉及哪些人员（如技术、质量、经营、商务等）。

2）对设计变更和工程洽商的管理

对于一般情况下的评审，可实行传递评审，应说明传递至哪些岗位和人员，履行什么手续。

当设计变更造成工程造价大幅度调整，或造成工期长时间延误、施工方案作较大改变时，项目经理应组织哪些人员进行评审，并做好《合同评审记录》报公司有关领导审批。

3）合同文件的管理

规定合同及合同评审记录保管及向公司提交的做法（谁负责、什么时间提交等）。

（6）物资管理

1）物资采购策划的说明

说明在项目策划中物资采购的策划结果及原则的采购方式。

以表格的形式说明由公司、项目、分包分别采购及由业主提供物资的类别。

2）对供应商的评价

当项目负责物资采购时，需明确对供应商进行评价的组织者和应履行的程序。对于由项目自行采购时，还需建立项目的合格供应商名单。

3）业主提供的物资

说明该项目业主提供的物资的种类、数量及管理的方法（验证、贮存、发放、标识的职责、方法及记录要求）。明确当业主提供的物资发生损坏、丢失及不适用等情况时的记录及报告方法。

4）物资采购的实施

①采购信息

对于项目物资的采购信息主要包括：物资申请计划、物资采购计划、物资采购合同、图样或样品。

规定由谁负责提供物资申请计划及应填写的记录；由谁负责编制物资采购计划及应填写的记录；由谁负责组织签订供货合同及应履行的手续；由谁组织报送样品至监理/业主审核。

②供应商的选择

说明选择供应商的方式以及具体的操作方法及责任人员。

③样品/样本报批

说明样品/样本报批的范围、方法及责任人。

④采购合同

应根据物资申请计划在采购合同中注明采购物资的名称、规格型号、单位和数量、进场日期、执行的技术质量标准，并规定验收方式以及发生质量问题时双方所承担的责任、仲裁方式等。

5）分包方采购的物资

明确对分包商采购物资的管理方法及责任人。

6）物资的验证

明确对各类物资验证的责任者及验证的方法和记录要求。

7）不合格物资的处理

明确对经验证确定为不合格物资时的评审、标识、隔离、处置的方法及责任者。

8）记录要求

规定需保存的记录。

（7）工程分包

当项目负责分包选择时，规定由哪个部门负责评价与选择分包队伍，如何按程序规定要求实施。

明确对分包方实施进场验证的责任部门（人员）及实施方法、需填写的记录。

1）工程及劳务分包的策划

细化项目策划中的工程（劳务）分包的内容，明确分包的内容及主要候选分包队伍。

2）分包商的评价

明确由哪个部门及岗位负责对分包商的评价以及应开展的工作。

3）分包商的选择

明确如何实施对分包商的选择。

4）分包合同

说明签订分包合同的主要责任岗位／部门及保存合同的要求。

5）分包商进场验证

说明落实对分包商进场验证的职责及验证的主要内容。

6）记录要求

该项目实施这一过程所需的记录。

（8）业主提供财产的控制

1）合同约定

列表说明由业主提供的财产（主要是物资）名录。

2）对业主提供物资的验证

规定对业主提供财产实施验证的责任岗位及实施方法、需填写的记录。规定当业主提供的财产发生丢失、损坏、不适用等情况时的处理方法及责任人、应填写的记录。

3）业主提供物资的贮存与防护

明确如何单独对业主提供的物资实施贮存与防护。

4）对业主指定分包商的管理

业主指定分包商有两种情况：业主与分包商签订合同，我方与分包商签订合同。

（9）标识和可追溯性

1）物资标识

明确标识的方法及责任人。

2）施工过程的标识

明确施工过程标识的方法及责任人。一般对于施工过程的标识，主要是表明记录的方法；对于追溯性要求很强的过程，如重要钢结构的焊接，不仅要以记录的方式标识，往往还需要在焊件上加盖焊工代号的钢印。

3）检验试验状态的标识

明确检验试验状态的标识方法及责任人。检验试验状态的标识分为：物资、过程及最终的检验试验。

4）记录要求

说明需提供的主要记录。

（10）施工过程控制

1）确定过程

确定该项目的关键过程及特殊过程。

2）关键过程的控制

分别就关键过程的质量控制点的设置、作业指导书的编制、技术交底以及施工机械设备、人员资质、作业环境、检测手段等的管理作出规定。

3）特殊过程的控制

确定特殊过程及其控制方法：分别就特殊过程的质量控制点的设置、专项施工方案的编制、技术交底以及施工机械设备、人员资质、作业环境、检测手段等的管理作出规定。应明确过程能力预先鉴定（确认）及过程参数的连续监控（再确认）的方法、记录要求及责任者。

4）记录要求

明确过程控制需完成的主要记录。

（11）计量器具的管理

1）管理

明确对计量器具管理的岗位其职责。其主要工作包括建立台账及组织检定。

2）检定

①明确计量器具检定计划的编制、组织检定及保存记录的责任者及方法。

②明确对现场使用的工具性的计量器具（如钢筋冷挤压连接的测试卡板、5m 以下的钢卷尺、样板、靠尺板等）的定期（最长周期不超过半年）校准（比对）的要求及责任人。

（12）成品保护

1）物资的搬运及贮存

①明确对重要物资的搬运方法及责任者。

②明确物资贮存的规定及责任者，如对物资采取支垫、遮盖的措施；对于有一定时效的物资（如水泥），如何贯彻先进先出的原则，如何对物资进行防护。

2）成品保护和交付

规定对成品及半成品的防护方法及责任者。

规定成品交付前对工程的保护措施及责任部门及责任人员。

（13）质量记录的管理

质量记录包括两大类，即质量体系运行及其有效性记录和工程质量控制及其效果记录。

1）明确该项目质量记录的主要类别和明细

例如对于一般的工程项目，其工程质量控制及效果记录主要包括以下几类：

10 质量
质量管理

图纸会审记录、技术交底记录、物资质量证明及复验记录、施工记录、隐预检记录、施工试验报告、基础或结构验收记录、最终试验记录、质量检验评定记录、竣工验收记录等。质量体系运行及其有效性的记录分别在各程序文件（包括在各职能手册）中所列出的附表，编制者可根据项目的具体情况，列出其有关记录的目录。

2）明确质量记录的记录、收集、保管等的职责及方法。

（14）培训

1）确定培训计划与实施

①培训计划包括：培训对象、培训内容、培训时间、培训师资、培训考核要求等内容。培训计划还应包括对分包人员培训的考虑。

②明确落实培训计划的要求。

③规定培训档案管理方法及责任者。

2）特殊岗位人员能力的控制

明确该项目的特殊工种，明确对其进行控制的责任人及控制方法，包括：审查并保管特殊工种人员的资格证的复印件、监督持证上岗的情况、编制该项目的特殊工种人员名单。

3）记录要求

明确培训过程所需的记录。

（15）产品监视和测量

1）确定进货检验和试验、过程检验和试验、最终检验和试验的过程及其内容，编制各阶段的检验试验计划。

2）阐明对分包单位检验和试验工作的控制方法及责任人。规定该项目工程产品的检验和试验记录的收集及归档要求。

3）明确记录要求。

（16）过程监视和测量

1）监视和测量的对象

过程监视和测量的对象是实施每一个管理过程的人、机、料、法、环的能力符合性及有效性。具体地说，一般需要对质量体系中以下对象进行监视和测量，包括：

①人——操作人员、管理人员、验证人员。

②机——施工机械设备、检测设备手段。

③料——工程材料、工程设备、半成品、零部件。

④法——施工生产工艺、技术方案、技术交底。

⑤环——施工作业环境条件，包括气象、安全防护设施、作业基础条件。

⑥顾客满意度——业主（监理）的满意与否的意见及建议。

2）过程监视和测量的实施

通过对上述内容进行监视和测量，以判断：

①公司的程序文件、项目的质量计划是否得到了有效的落实。

②过程的实施活动是否严格按相关程序要求准确落实，人、机、料、法、环的输入是否持续符合要求。

③过程的结果是否符合要求，是否能达到管理目标和指标要求，是否能达到业主的满意。

3）监视测量频次和记录

确定对过程监测的监视方法、监测部门（岗位）、监测频次和记录要求。

4）对发现不符合的处理

规定发现不符合后的处理方法及责任部门（岗位）的职责。

（17）不合格品的控制

1）不合格品的标识、记录

明确对不合格品的标识、隔离、评审、处置等的要求及责任者。明确不合格品控制的记录要求及责任者。明确质量事故的处理、报告的程序及职责。

2）不合格品的评审和处置

明确参与不合格品评审、处置的人员及职责。

（18）顾客满意

1）规定如何接待和处理业主的投诉或监理提出的改进管理的意见，明确责任部门和人员。

2）明确竣工保修的承诺和保修的期限。

3）工程回访的考虑及发现问题的处理方法。

（19）数据分析

1）数据分析的基础

为了评价质量管理体系的适宜性和有效性并识别质量管理体系的改进机会，项目负责收集并分析该项目全过程管理的有关数据信息。

2）数据分析要求

规定实施数据分析的职责、数据分析的方法及如何采取纠正和预防措施。

（20）纠正和预防措施

1）明确纠正和预防措施的制订要求及其编制、批准人。

2）明确纠正和预防措施实施后的跟踪验证要求及责任者。

3）明确记录要求。

（21）与上级有关管理部门的业务接口

阐述该项目在有关业务工作上与上级相应部门的业务接口关系及要求上级为该项目所提供必要服务的内容及其完成时间，如：保函工作（财务部配合）、预决算工作（合约部门配合）、CI 工作及现场管理（行政部门及质量安全部配合）、工程创优及竣工验收（质量安全部配合）等。

（22）质量计划的主要附录

工程质量目标分解、项目组织机构图、技术方案编制计划表、项目培训计划。

原材料质量管理

材料、半成品进场时必须附有齐全、有效的产品合格证、检验报告等各项质量保证资料。需进行复检、复试的物资应按有关规定取样，并将样品送交具有相应资质的检测机构进行复试或复验。不符合质量标准的材料必须及时清退出场，并作相应记录。

1. 管理流程

检验与试验管理流程如图 10-3 所示。

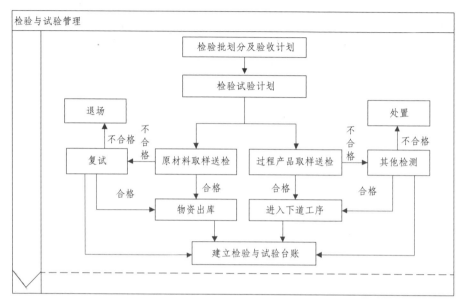

图 10-3　检验与试验管理流程

2. 原材料质量管理制度

（1）为了确保进入施工现场的原材料符合规范要求，确保工程质量。

（2）为加强原材料管理，保证产品质量，防止不合格原材料投入使用，原材料进场应按照规范规定批次检验和验收，未经检验和验收的材料不得使用，原材料进场必须有生产厂家的材料质量证明书和检验报告，其性能、质量指标应符合国家及产品相应标准规定。

（3）物资设备部负责材料的外观质量、尺寸偏差及材质证明书的检查核对，试验室负责原材料性能、质量指标的试验，并出具试验结果报告。

（4）原材料进场后，首先由物资设备部核对质量证明书、材料牌号、品种规格、数量、炉号、出厂日期、编号、包装及检查外观表面质量、尺寸偏差等，并做好检查记录。

（5）经外观质量等项目检验合格后，试验室填写《试验委托单》，到材料库取样试验，试验结果按规定要求填写试验报告，并进行合格性能判定，把试验结果通知相关部门。

（6）材料经外观质量检查和性能试验合格后，方能验收入库和投入使用。材料经检验结果如不符合标准规定时，不得验收入库。

3. 原材料进场报验制度

（1）在材料、半成品及加工订货进场时，物资设备部负责组织质检员、材料员、试验人员参加联合检查验收。检查内容包括：产品的规格、型号、数量、外观质量、产品出厂合格证、准用证以及其他应随产品交付的技术资料是否符合要求。

（2）试验室按照进场材料批次，数量及时填写《材料进场检验委托单》通知试验室进行取样。

（3）对于钢材、水泥、砂石料、混凝土、防水材料等须复试的产品，试验室根据试验委托单由试验员严格按规定对原材料进行取样。同时，做好监理参加的见证取样工作，试验室将材料复试结果及时反馈至物资设备部，合格后填写材料报验单，报监理工程师签字认可后方可投入使用。

（4）专业工程师对材料的抽样复试工作进行检查监督。

（5）原材料未经检查验收或检验不合格者，不得在工程上使用，检验不合格的原材料由试验室通知物资部门限期清退出场。

（6）对供应商供应的材料质量情况做好记录，以便以后采购时作为评价依据。

施工过程质量控制

项目部应坚持"样板引路""日常检查""旁站监督""质量改进""质量培训""质量创优"等行之有效的过程质量控制措施和方法。

1. 样板引路

（1）管理流程

样板引路管理流程如图10-4所示。

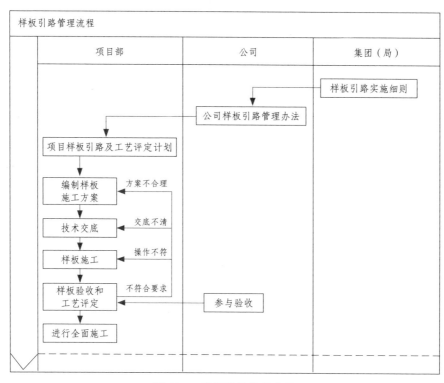

图 10-4 样板引路管理流程

（2）工作要求

1）项目根据集团（局）、公司相关要求，结合项目实际，编制样板引路及工艺评定计划，并依据计划编制专项样板方案。

2）样板应至少包括"钢筋工程、模板工程、混凝土工程、防水工程、砌体工程"五大工序，其他对结构安全或使用功能影响较大的关键工序或新技术、新工艺、新材料的使用也应列入样板计划。

3）项目样板展示区应设置在现场显著区域，样板展示区应包含五大工序的工艺过程，展示内容应涵盖集团（局）红线管理规定要求。鼓励项目设置 VR/AR 虚拟样板。

4）样板施工完成后，由项目总工组织验收，公司质量管理部门应参加验收，并报请项目监理工程师。

2. 日常检查

（1）管理流程

质量日常检查管理流程如图 10-5 所示。

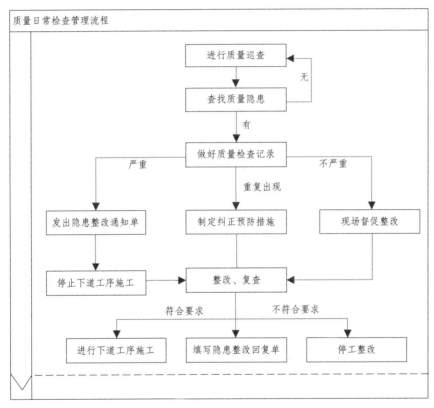

图 10-5 日常检查流程

（2）工作要求

项目的日常检查应每天进行，对发现的质量隐患进行现场督促整改或发出隐患整改通知单，责成施工班组进行整改，由现场工程师对整改结果进行回复，质量工程师对整改情况进行复查。

3. 旁站监督

（1）管理流程

旁站监督管理流程如图 10-6 所示。

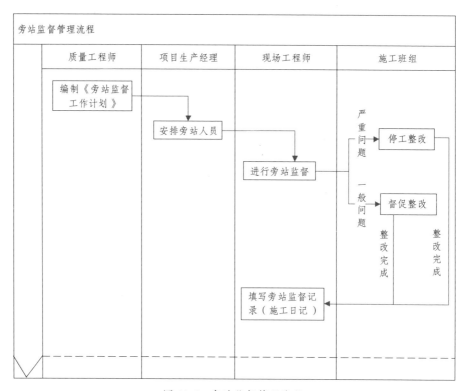

图 10-6　旁站监督管理流程

（2）工作要求

1）凡涉及工程结构安全的地基基础、主体结构和设备安全工程的关键部位和工序，均应实行旁站监督。

2）开工前，项目总工程师要识别需进行旁站监督的部位和工序，组织项目质量工程师编制旁站监督工作计划，明确旁站监督的范围、内容、程序和旁站人员职责等。

3）项目质量工程师按照旁站监督工作管理流程的要求，及时报请项目生产经理安排旁站监督人员，对旁站部位或工序进行旁站监督。

4.质量改进

（1）管理流程

质量改进管理流程如图10-7所示。

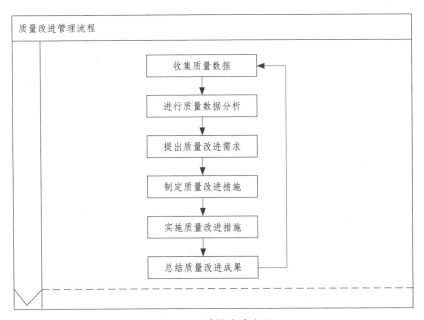

图10-7 质量改进流程

（2）工作要求

1）集团（局）、公司、项目应进行质量数据的收集，并对收集的数据进行统计分析，找出影响质量的主要因素，分别定期制订和实施各层级的质量改进措施；质量改进工作开展的主要形式是进行QC活动，通过QC活动的有效开展，实现项目质量的科学提升。

2）质量改进措施实施过程中或实施完成后，应按照上述程序循环进行，促进质量管理的持续改进。

5. 质量培训

（1）质量培训基本要求见表10-2。

培训及被要求   表 10-2

培训层次	培训对象	培训内容	培训频次	培训时间
集团（局）	公司质量分管领导	质量体系文件培训	≥1次/年	≥24学时
	质量工程师	取证培训	≥1次/年	≥24学时
	质量工程师	再教育培训	≥1次/年	≥40学时
	质量有关人员	专题培训	≥1次/年	≥8学时
公司	质量有关人员	质量管理制度	≥2次/年	≥24学时
		专题培训	≥2次/年	≥8学时
		职业资格培训	≥2次/年	外培
项目	所有管理人员	项目质量管理策划	开工前	≥8学时
	作业人员	作业人员入场教育	作业人员进场时	≥4学时
	分包方	分包方进场入场教育	分包方进场时	≥4学时
	班组长、技术骨干	质量交底教育	工序开始前	≥2学时

（2）工作要求

集团（局）组织的质量教育培训由集团（局）统一组织，各公司和项目按要求参加。

集团（局）组织的质量教育培训中的质量体系文件培训、取证培训、再教育培训一般委托专业教育机构进行，质量专题培训采用各公司集中培训或集团（局）集中培训的方式进行。

各公司和项目的培训由公司或项目组织，必要时可邀请集团（局）相关人员参加。

6. 质量信息化管理

利用质量管理系统、协同平台、质量管理APP等信息系统建立项目质量管理信息平台，采用信息化的手段，方便、快捷地了解项目现场质量管控情况、质量履约情况，并实现质量问题督导跟踪。

（1）质量分级管理

项目质量信息化管理分为项目级、公司级、集团（局）级三级管理。

项目级：项目经理为项目质量履约第一责任人，项目技术质量部为主要责任部门，主要负责项目日常质量检查、现场质量问题及收到的质量投诉的录入、问题收集、汇总、反馈、整改，同时负责质量整改要求和质量投诉的落实与销项。

公司级：公司总经理为公司级质量履约第一责任人，公司技术质量部为主要责任部门，主要负责收集汇总分析公司所属的各项目质量检查情况、质量履约问题情况，定期录入对各项目的质量检查情况、质量整改要求及公司级质量投诉，同时对质量检查发现的问题、质量投诉进行监督。

集团（局）级：企业法定代表人为集团（局）级质量履约第一责任人，技术质量部为主要责任部门，主要负责收集汇总分析集团（局）级所属的各公司和各项目质量检查情况、质量履约问题情况，定期录入对各公司和重难点项目的质量检查情况、质量整改要求及集团（局）级质量投诉，同时对质量检查发现的问题、质量投诉进行监督。

（2）质量管理系统

质量管理系统的应用过程中，运用手机APP，有效定位质量问题发生工点，拍照取证后即时下发质量整改通知单，精准传递至质量问题整改责任人，第一时间完成整改闭环，对超时整改实行未销项提醒。从质量问题分布、质量问题发生频率、质量问题发生趋势等角度对质量巡检数据进行分析，实时反映工程质量状态，推动质量管理有的放矢。通过质量问题库的数据整理，可以建立集团（局）质量问题库，形成核心数据资产。通过规范整改通知单及回复单格式，全集团（局）统一后，减少一线人员工作量，为基层减负。主要管理指标应包括：

质量月报：实时分析实体质量检测数量及合格率、试件试验检测数量及合格率，确保实体质量受控；制定月度质量控制重点，做好工序过程控制。

问题类型：分析设置的钢筋工程、模板工程、混凝土工程、防水工程、支护工程、桩基工程、预应力工程、土石方工程、路面工程、砌筑工程、围护工程、测试管理、内业管理、其他等问题发生频率，采取更为有效的管理措施，做好质量事中管控。

质量动态：通过管理亮点（分部分项工程、工序工艺过程质量亮点等内容）、检查验收（各级质量管理线条领导检查、首件验收、工序验收等内容）、主题活动（质量月活动、质量竞赛活动、质量之星评比等内容）三个主题，记录项目质量管理工作。

质量巡检：分析发起的问题整改流程中的检查数量、问题总数、已销项数量、整改中数量、已超期数量及整改完成率，有效溯源，为分供方考核提供有效证据支撑。

巡检统计：对比每日检查次数与问题出现次数，督促质量管理人员认真履职，提高现场工程师发现问题、解决问题的能力。

利用人工智能辅助管理，精准识别施工现场质量隐患，通过进一步积累过程管理数据，让大数据对问题隐患分析更准确。探索并研发物联网技术能力，利用 BIM、云计算等信息技术，完善平台功能，提升项目质量实测的操作工具及方法，尽可能消除人为操作引起的偏差，通过基于物联网及 BIM 技术的信息管理，实现信息高效互通，及时并准确地掌握项目实测实量的数据信息，建立混凝土拌合站管理及工地试验室管理系统，动态监测，全面质量管理，确保施工质量。

质量红线监督管理

1. 程序红线管理

（1）不得无方案施工、不按方案施工、施工方案未完成审批就进行施工。

（2）栈桥、平台、支架、模板、挂篮、桥面吊机、移动模架、提运架设备等临时设施及设备不得未经验收合格就投入使用。

（3）对各级监督部门检查通报的问题必须及时整改闭合。

（4）必须严格执行三级交底和三检制度。

（5）项目必须建立不合格品制度或不合格品管理未严格按照制度执行。

（6）质量管控责任必须明确。

2. 试验红线管理

（1）试验室必须授权备案开展试验工作。

（2）试验室标准试验必须经批复投入生产；混凝土施工配合比控制须符合规范要求。

（3）试验室不得出具虚假资料或报告，材料须经检测合格方可用于工程。

（4）试验检测设备不得未标定或超出检定周期继续使用或无使用台账。

（5）试验室不得超授权范围开展试验工作；不得严重违反检验检测技术规程操作。

3. 测量红线管理

（1）项目开工必须复测控制网，并完善签字手续，否则不准施工。

（2）测量设备未经检定、检定不合格、超过检定周期以及零配件缺损和示值难辨的仪器不得使用。

（3）主体工程施工测量放样数据未经复核签认就进行施工放样工作、放样未进行换手复测。

（4）不得未经计算编造测量数据，出具虚假资料。

4. 施工红线管理

（1）项目工程部未进行施工方案审核、未留下纸质签字记录,不得进行施工。

（2）项目实施性施工组织设计及危险性较大的专项方案必须严格按程序进行审批，项目经理必须组织项目会审，确保其可操作性。

（3）超过一定规模的危险性较大的专项方案必须进行专家论证通过后方可施工。

（4）现场施工必须严格按方案内容执行。

质量复核与验收

1. 物资进场验收

（1）管理流程

物资进场验收流程如图 10-8 所示。

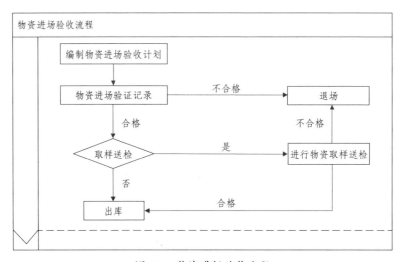

图 10-8 物资进场验收流程

（2）工作要求

工程项目开工前，项目技术工程师应编制《物资进场验收计划》，经审核审批后实施。物资进场后，项目材料工程师组织对进场物资进行验收，并由验证人员填写《物资进场验证记录》。对于分包方提供的物资，进场验收流程同自有物资管理流程。

2. 隐蔽验收

（1）管理流程

隐蔽验收流程如图 10-9 所示。

10 质量

质量管理

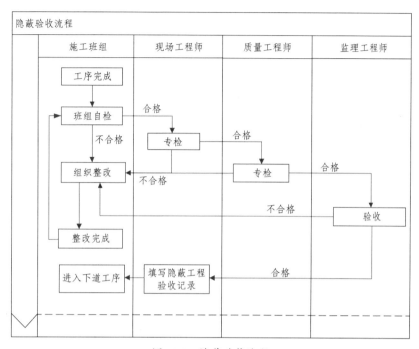

图 10-9　隐蔽验收流程

（2）工作要求

1）隐蔽工程验收工作应在本工序已完成且班组自检合格后，下道工序施工前进行。

2）隐蔽验收前，责任工程师应通知项目质量工程师及有关人员进行检查，认真填写好隐蔽工程检查记录，检查合格并经项目总工程师签署自检意见后，及时通知监理工程师参加共同验收。

3）经验收合格的工序方可通知进行下道工序，否则，待整改好后再进行验收，直到合格或达到质量规定的要求。

3. 检验批验收

（1）管理流程

检验批验收流程如图 10-10 所示。

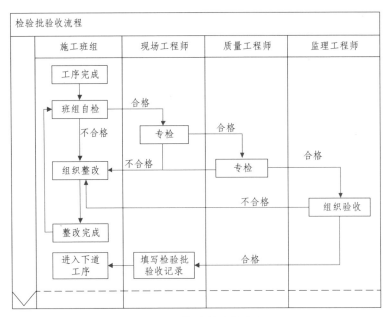

图 10-10　检验批验收流程

（2）工作要求

　　检验批的验收应在施工单位自行检查评定合格的基础上交由监理单位进行；监理工程师组织检验批验收，现场工程师负责填写检验批质量验收记录，经验收合格后方可进入下道工序。

4. 分项工程验收

（1）管理流程

　　分项工程验收流程如图 10-11 所示。

（2）工作要求

1）分项工程验收要求所含所有检验批全部验收合格。

　　2）涉及结构安全的试块、试件及有关材料，应在监理单位或建设单位见证员的见证下，由施工单位取样员按规定取样，送至具有相应资质的检测单位检测。

　　3）分项工程由监理工程师组织验收，项目总工程师和质量工程师参加，并由质量工程师负责填写检验批质量验收记录，经验收合格后方可进入下道工序。

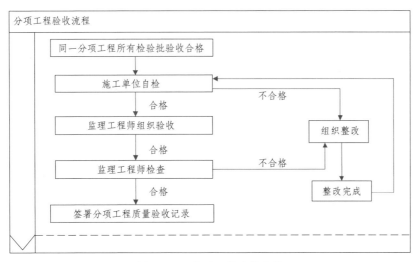

图 10-11　分项工程验收流程

5.分部工程验收

（1）管理流程

分部（子分部）工程验收流程如图 10-12 所示。

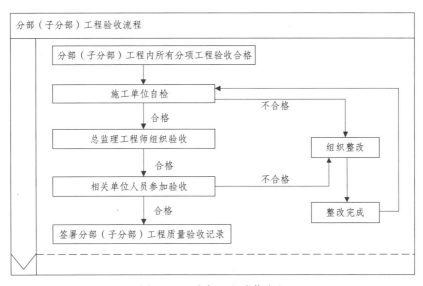

图 10-12　分部工程验收流程

167

（2）工作要求

1）分部（子分部）工程验收时要求所含所有分项工程质量全部验收合格且质量控制资料完整可查。

2）对设计结构安全和使用功能的重要分部工程，应按专业规范的规定进行抽样检测，用来验证工程的安全性和功能性。

3）分部（子分部）工程由监理工程师组织验收，验收完成后，由项目总工程师填写分部（子分部）工程验收记录，参加验收人员进行审批。

6. 单位工程验收

（1）管理流程

单位（子单位）工程验收流程如图 10-13 所示。

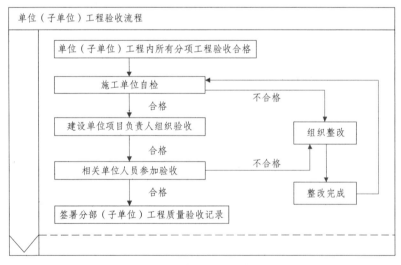

图 10-13　单位工程验收流程

（2）工作要求

1）单位（子单位）工程验收时要求所含所有分部工程质量全部验收合格。

2）单位（子单位）工程完工后，施工单位应自行组织有关人员进行检查评定，并向建设单位提交工程验收申请报告，由建设单位组织有关各方进行验收。

3）单位（子单位）工程质量验收合格后，应协助建设单位在规定时间内将工程竣工验收报告和有关文件报建设行政管理部门备案。

半成品、成品保护

项目部应对进场原材料、半成品、施工过程已完工序、分项工程、分部工程及单位工程，进行成品保护工作。

项目部应在施工组织设计中制定成品保护措施或编制成品保护专项方案，确定保护对象、明确保护方法和责任人，科学、合理安排施工生产，减少交叉作业等人为因素造成的半成品及成品破坏。

质量事故处理

1. 事故处理流程

质量事故处理流程如图 10-14 所示。

2. 事故分级

根据工程质量事故造成的人员伤亡或者直接经济损失，质量事故一般分为 7 个等级：

（1）特别重大质量事故，是指造成 30 人以上死亡，或者 100 人以上重伤，或者 1 亿元以上直接经济损失的事故。

（2）重大质量事故，是指造成 10 人以上 30 人以下死亡，或者 50 人以上 100 人以下重伤，或者 5000 万元以上 1 亿元以下直接经济损失的事故。

（3）较大质量事故，是指造成 3 人以上 10 人以下死亡，或者 10 人以上 50 人以下重伤，或者 1000 万元以上 5000 万元以下直接经济损失事故。

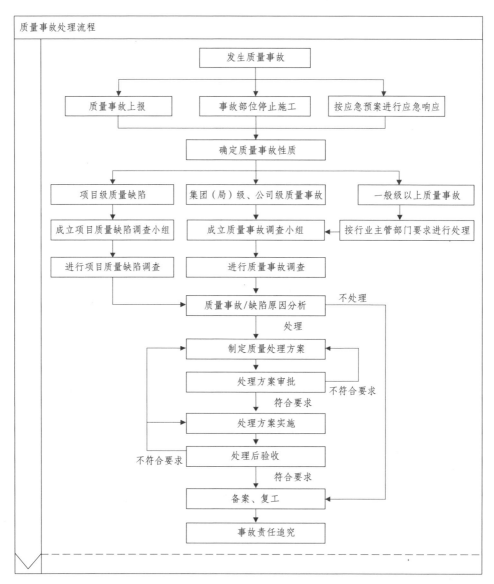

图 10-14 质量事故处理流程

（4）一般质量事故，是指造成 3 人以下死亡，或者 10 人以下重伤，或者 100 万元以上 1000 万元以下直接经济损失的事故。

（5）集团（局）集团级质量事故，是指项目部造成 50 万元以上 100 万元以下直接经济损失的质量事故。

（6）公司级质量事故，是指项目部造成 10 万元以上 50 万元以下直接经济损失的质量事故。

（7）项目级质量缺陷，是指项目部造成 1000 元以上 10 万元以下直接经济损失的质量缺陷。

3. 工作要求

工作要求见表 10-3。

质量事故处理要求 表 10-3

工作内容	具体要求
事故分级	质量事故分为七级，详见企业相关规定
事故上报	质量事故应在事故发生 4 小时内向公司报告。公司级质量事故，由项目部上报公司，集团（局）级以上事故，由公司上报给集团（局），造成人员伤亡的应向业主和政府主管部门报告
应急响应	所发生的质量事故，应根据集团（局）《工程质量应急预案》相关要求进行应急响应
事故调查	一般及以上质量事故，由行业主管部门组织进行事故调查和处理。集团（局）级质量事故成立由集团（局）质量分管领导为组长的事故调查组，公司级质量事故成立由公司质量分管领导为组长的事故调查组，各层级按要求进行质量事故调查，形成质量事故调查报告。项目级质量缺陷成立由项目经理为组长的质量缺陷调查小组
确定处理方案	集团（局）级和公司级质量事故，由公司质量主管部门制定处理方案，项目级质量事故，由项目部制定质量处理方案。处理方案应报调查小组组长审批，集团（局）级质量事故处理方案需上报集团（局）主管部门备案
事故处理	由项目按照审批后的处理方案组织实施，集团（局）和公司予以协助和督促。 事故处理完毕后，应报集团（局）或公司进行验收，以确定处理结果是否满足处理方案的要求。 质量事故处理完毕，经验收合格后，项目部应组织事故相应部位的复工
责任追究	一般及以上质量事故由政府或行业主管部门进行行政或刑事责任追究，集团（局）进行内部责任追究。 集团（局）级质量事故由集团（局）对集团（局）、公司、项目部有关人员进行责任追究。 公司级质量事故由公司对公司、项目部有关人员进行责任追究处罚，报集团（局）质量部备案。 项目级质量缺陷由项目部对项目部相关人员进行责任追究处罚

11 安全

安全文明与职业健康管理

施工安全是工程项目管理工作的重要基础，保证施工过程中人、物的安全，是保证工程进度和工程质量不可或缺的关键环节。遏制和消除安全隐患是杜绝安全事故的根本，通过信息化技术实现安全隐患排查–整改–销号闭环管理，是提升安全风险管控的有效手段。

安全组织管理体系建设

安全风险评估

安全教育培训

安全监督制度

安全信息化管理

安全红线监督管理

文明施工管理

应急救援与事故处理

工程履约

Contract Performance Management

of Construction Enterprises

安全组织管理体系建设

认真贯彻国家有关安全生产的方针、政策、法规和上级有关规定，全面落实"党政同责、一岗双职、失职追责"的安全工作要求，集团（局）、公司应建立健全安全组织管理体系。

1. 组织机构

（1）安全决策机构

集团（局）以及下属二级单位均要设立安全生产委员会（以下简称安委会），安委会主任由董事长担任，无董事长的由总经理担任；工程项目的项目部要设立安全生产领导小组，安全生产领导小组组长应由项目负责人担任。成员由领导班子和各职能部门主要负责人组成，亦可根据需要增加下属单位主要负责人为成员。

1）集团（局）安全生产委员会主要职责：

①听取安全生产工作汇报，分析集团（局）安全生产形势；

②研究部署、指导协调集团（局）安全生产工作；

③研究决策安全生产重大事项。

集团（局）安委会每半年至少召开一次安委会议，二级单位每季度至少召开一次安委会会议。

2）安全生产领导小组的主要职责：

①贯彻落实国家有关安全生产法律法规和标准。

②组织制定项目安全生产管理制度并监督实施。

③编制项目生产安全事故应急救援预案并组织演练。

④保证项目安全生产费用的有效使用。

⑤组织编制危险性较大工程安全专项施工方案。

⑥开展项目安全教育培训。

⑦组织实施项目安全检查和隐患排查。

⑧建立项目安全生产管理档案。

⑨及时、如实报告安全生产事故。

工程项目的安全生产领导小组应每月召开一次小组会议，分析安全生产状况，解决安全生产问题，落实集团（局）安全生产决定。

（2）安全监督职能部门

集团（局）、公司要独立设置安全生产监督部门，并根据生产经营情况确定安全监督部门的设置要求。

项目部应根据规模或性质设置独立的安全生产监督部门或明确安全生产监督职能部门，下列情况要设立独立的安全生产监督部门：

1）建筑面积1万 m^2（含）以上的房屋建筑工程。

2）合同额在0.5亿元（含）人民币以上装修、机电安装、钢结构、幕墙工程。

3）合同额在0.5亿元（含）人民币以上的市政工程。

4）路桥等基础设施工程。

5）其他施工安全风险较大项目。

（3）安全监督管理人员

1）集团（局）、公司安全监督管理部门的人员配备应满足国家相关要求，并与生产规模、管理跨度、安全风险管控相适应。可根据二级单位的生产经营情况确定安全监督管理部门人员配备数量。

项目安全管理人员的配备应满足国家、地方、行业、公司和合同文件的有关规定，与项目的规模和安全风险的管控相适应。

2）集团（局）及下属二级单位应设置单位专职安全总监，集团（局）可根据需要确定二级单位安全总监的设置要求。

项目必须设置专职安全总监，项目安全总监必须获得安全生产考核合格证。

2. 规章制度

（1）安全生产责任制

1）各级单位和项目部要建立覆盖所有职能部门和员工、全部生产经营和管理过程的安全生产岗位责任制，并根据需要及时进行调整、补充和修订。

2）安全生产责任制由各级主要领导组织制定。

11 安全

安全文明与职业健康管理

①班子成员和部门的安全生产责任制由单位主要负责人批准。

②部门各岗位人员的安全生产责任制由单位分管负责人批准。

③项目部各岗位的安全生产责任制由项目经理批准。

3）安全生产责任制必须告知各岗位员工，并确认。

①分管领导应将分管范围内的安全责任向分管部门进行交底，并确认。

②部门负责人应将本部门的安全责任进行细化分解，将安全责任落实到岗位，落实到人员，并确认。

③项目经理应将各岗位的安全责任向项目管理人员进行交底，并确认。

4）各级单位和项目部要在适当位置对全员安全生产责任制进行长期公示。

5）各级单位、项目部要将全员安全生产责任制教育培训工作纳入安全生产年度培训计划并实施。

6）集团（局）、公司及项目部要根据本单位的情况制定安全生产责任制度和考核标准，每年至少进行一次考核，各级领导根据干部管理的权限由上级单位进行考核。

7）单位各级领导应按照"党政同责、一岗双责"的原则，履行岗位安全生产职责。

8）安全生产责任制在下列情况下应进行调整和修订：

①法律法规发生修订时。

②发布新的法律法规时。

③部门或岗位职责调整时。

（2）安全策划

1）单位在进行项目策划时，单位安全生产监督部门要根据项目策划书编制任务承担相应的项目策划任务，组织进行项目安全生产策划。

2）工程开工前，项目经理要根据各类策划文件、责任书、施工合同、相关的法律法规、上级安全生产管理制度、施工组织设计以及危险源辨识、风险评价和风险控制策划的结果，结合项目的实际组织进行项目安全管理策划，编制项目安全生产策划书并完成审批手续。

3）当项目出现设计变更、施工方法改变或外部环境发生变化时，单位和项目部要及时对策划文件进行评审，并适时修订。

4）安全策划主要内容：

①工程概况。

②编制依据和安全目标。

③安全管理组织机构。

④安全管理制度。

⑤安全管理措施。

⑥安全专项方案控制计划。

⑦需专家论证的危险性较大工程的安全专项方案控制计划。

⑧应急预案。

⑨安全资料清单。

⑩工程项目安全生产费用投入计划。

⑪危险源辨识与评价清单。

（3）工程项目安全管理制度

项目部需要编制的安全管理制度应包括（但不限于）：安全生产教育培训制度、持证上岗制度、安全检查和隐患排查制度、安全专项方案管理制度、分包安全管理制度、安全技术交底制度、危险因素告知制度、特种作业人员制度、设备管理制度、验收制度、安全费用管理验收、防护变更批准制度、领导带班值班制度、现场旁站制度、危险品管理制度、用火动火管理制度、有限空间作业管理制度、消防制度、安全奖罚制度、劳动防护用品管理制度、安全会议制度、办公生活管理制度、班前安全活动管理制度等。

安全风险评估

开工前工程项目应对本项目危险源进行辨识，并进行风险评估，编制相应的风险控制策划。

11 安全

安全文明与职业健康管理

1. 危险源辨识

（1）在工程开工前或工序施工前必须对施工现场的危险源以及市场行为潜在的风险进行辨识，建立项目《危险源清单》。

（2）项目部应成立由项目经理任组长的危险源辨识、风险评价小组，评价小组应包括生产经理、项目技术负责人、专职安全管理人员，责任工程师、设备工程师、材料工程师等专业管理人员，需要时应包括施工现场作业人员。

2. 风险评价

（1）项目部要对辨识出的危险源进行风险评价，安全风险等级从高到低划分为重大风险、较大风险、一般风险和低风险。超过一定规模危险性较大分部分项工程为重大风险，危险性较大分部分项工程为较大风险。

（2）风险评价要按照国家、地方和行业主管部门风险评价导则、指南、规定、规范、标准进行。

（3）项目部要对辨识出的危险源进行风险评价，确定重大风险和较大风险，编制危险性较大分部分项工程控制计划、超过一定规模危险性较大分部分项工程控制计划以及重大危险源识别汇总表。

（4）集团（局）每半年更新危险源清单并发文公示，公司及项目部在开工前对危险源进行编制统计，列出重大危险源，在每项工序开工前进行公示，见表 11-1。

危险源清单填报及审批   表 11-1

序号	记录名称	填报单位	审批单位	填报时间和频次
1	常见危险源清单	集团（局）	/	半年
2	项目危险源清单	项目	项目	开工前
3	危险源辨识与风险评价表	公司/项目	公司/项目	开工前
4	项目重大危险源清单	公司/项目	公司/项目	开工前

3. 风险控制

（1）项目部要根据风险评价的结果制定风险控制措施。

（2）风险实行分级管控，重大风险由公司和项目部共同管控，较大风险由公司和项目部共同管控，一般风险和低风险由项目部管控。

（3）重大风险和较大风险应作为重点的控制对象，制订方案和应急预案实施控制。

（4）施工方案、应急预案和技术交底编制要结合危险源辨识、风险评价进行，确保各项措施能将风险降低到可接受的程度后方可施工。

（5）项目部应对危险源实施动态管理，及时掌握危险源及风险状态和变化趋势，实时更新危险源及风险等级，并根据危险源及风险状态制定针对性防控措施。

安全教育培训

集团（局）、公司和项目部应建立安全教育培训制度，明确教育培训的类型、对象、时间和内容。对安全教育培训的计划编制、组织实施和记录、证书的管理要求、职责权限和工作程序等作出具体规定。

1. 一般规定

（1）集团（局）、公司主要负责人（A证）、项目负责人（B证）和专职安全生产管理人员（C证），应按规定参加地方政府有关部门组织的安全教育培训，取得相应的安全生产资格证书，并在有效期内完成相应学时的继续教育培训。

（2）开展安全教育培训应做好记录，并建立安全教育培训档案，对培训效果进行评估和改进。未经安全培训合格的人员，不得上岗作业。

2. 培训计划及对象

（1）集团（局）及下属单位要分析上一年安全管理状况、管理要求和发展要求，确定本年度的培训需求，制定安全培训计划。

（2）培训对象应包含所有人员，包括各级领导干部、项目经理、专职安全管理人员、实习学生和作业人员等。

3. 培训内容

（1）管理人员的培训内容

应包含：国家安全生产的方针政策、法律法规和标准规范；安全生产管理基本理论和基础知识；安全生产法律义务与法律责任；安全生产责任制和安全生产管理制度；国内外先进的安全生产管理经验；典型事故和应急救援案例分析等。

（2）作业人员进入新的岗位、变换工种或新的施工现场前，应接受集团（局）、项目、班组三级安全教育，未经教育培训或考核不合格的，不得上岗。

（3）集团（局）、公司级安全教育内容

1）本单位安全生产情况及安全生产基本知识；

2）本单位安全生产规章制度和劳动纪律；

3）从业人员安全生产权利和义务；

4）有关事故案例等。

（4）项目级安全教育内容

1）本项目的安全生产状况及规章制度；

2）本项目工作环境、工程特点及危险因素；

3）所从事工种可能遭受的职业伤害和伤亡事故；

4）所从事工种的安全职责、操作技能及强制性标准；

5）自救互救、急救方法、疏散和现场紧急情况的处理、发生安全生产事故的应急处理措施；

6）安全设备设施、个人防护用品的使用和维护；

7）预防事故和职业危害的措施及应注意的安全事项；

8）有关事故案例；

9）其他需要培训的内容。

（5）班组级安全教育内容

1）岗位安全操作规程；

2）岗位之间工作衔接配合的安全与职业卫生事项；

3）本工种有关事故案例；

4）其他需要培训的内容。

（6）班组每天必须进行班前安全活动，班组长组织针对当天作业中的不安全因素对当天班组中所有作业人员进行提醒防范，并做好记录，项目经理部安全管理人员应对班前安全活动进行检查、指导、管理。班前安全活动内容：

1）当天作业活动的主要内容；

2）当天作业工作的主要风险和影响；

3）针对风险和影响采取的注意事项和预防措施。

4. 培训实施

集团（局）和下属各级单位要建立健全安全生产教育和培训档案，详细、准确记录培训的时间、内容、参加人员以及考核结果等情况，受教育者应签字确认，严禁代签字。

5. 培训考核

培训组织部门要采取现场操作、笔试、口试、工作绩效评价等方式对培训效果进行考核。

安全监督制度

集团（局）、公司要严格按照国家法律法规及规章制度开展安全监督工作，核查各级单位是否严格遵照各级安全制度要求。

1. 安全检查

各级要制定完善的安全生产监督检查制度，工程项目要实行逐级安全检查制度，包括日检、旬检、月检等；公司要对项目实施定期检查和重点作业部位巡检制度，做到安全生产检查制度化、标准化、经常化。

（1）综合检查

1）集团（局）、公司每半年对二、三级单位以及重点项目进行安全生产专项检查与督查。

2）二、三级单位每季度至少开展一次全面的安全检查和隐患排查。

3）项目部每月至少开展一次全面的安全检查和隐患排查。

（2）专业性检查

1）定期或不定期组织有关人员就某一专业的安全问题或在施工中存在的普遍性安全问题及惯性事故进行单项检查。

2）在发生事故或未遂事故后，或其他项目发生重大事故后，各级要组织进行专业性安全检查。

（3）日常检查

1）项目部每天施工前，责任工程师要对作业现场的安全状况进行检查，对作业区域存在的安全隐患进行整改，经项目专职安全生产管理人员确认后方可施工。

2）项目安全生产监督管理部门应建立每日巡检制度，特别是应对重要生产设施和重点作业部位加大巡检周期密度，并做好检查记录。

3）项目专职安全生产管理人员应当每天在施工现场开展安全检查，现场监督危险性较大的分部分项工程安全专项施工方案的实施。对检查中发现的安全事故隐患，应当立即处理；不能处理的，应当及时报告项目负责人和单位安全监督部门。项目负责人应当及时处理。

（4）季节性检查

1）单位和项目部要及时主动了解气候的变化情况，根据项目所处的施工地点的气候特点，针对气候特别是极端天气情况可能给施工带来的危害进行安全检查。

2）冬季、夏季和雨季到来前，单位和项目部要组织进行季节性安全检查。

3）大风、大雨、雷暴等恶劣天气以及汛期到来前，或政府主管部门发出警报时，单位和项目部要对项目的安全情况进行检查，并及时进行整改。过后要对项目的安全情况进行一次全面的检查，对存在的安全隐患进行整改，确认施工现场无安全隐患或安全隐患已消除或已被控制后，方可恢复施工作业。

（5）节假日检查

1）节假日前后，为防止职工纪律松懈、思想麻痹，项目部要组织进行安全检查；节日加班，更要重视对加班人员的安全教育，同时认真检查安全防范措施的落实。

2）各级单位应做好随机抽查。

（6）特殊性检查

各级单位应定期和不定期地对大型机械设备、附着升降脚手架、模板等自升架设设施以及深基坑、地下暗挖、高大模板、大型吊装、拆除、爆破、高大脚手架等危险性较大的项目进行专项、重点检查，并应对起重机械安装拆卸工程进行动态监管。

（7）领导带班检查

1）工程项目出现险情或发现重大隐患时，单位负责人应到施工现场带班检查，督促工程项目进行整改，及时消除险情和隐患；

2）工程项目进行超过一定规模的危险性较大的分部分项工程施工时，单位负责人应到施工现场进行带班检查；

3）各级单位每季度要制定单位负责人带班检查工作计划，每月检查时间不少于工作日的25%。项目负责人每月带班生产时间不少于本月施工时间的80%。

2. 检查实施

安全检查应依据充分、内容具体，认真填写检查记录，做好安全检查总结。对查出的安全隐患和问题，被检单位应立即落实整改，暂时不能整改的项目，除采取有效防范措施外，应纳入计划，落实整改。对整改情况应进行复查，跟踪督促落实，形成闭环管理。

3. 隐患整改

（1）针对查出的安全隐患和问题，应签发安全隐患整改通知单，受检单位应按"五定"原则（定责任人、定时限、定资金、定措施、定预案）立即落实整改。暂时不能整改的隐患或问题，除采取有效防范措施外，应纳入计划，落实整改。

（2）检查单位应对隐患或问题的整改情况进行复查或委托下级单位进行复查，跟踪督促落实，形成闭环管理。

（3）项目经理必须落实相关单位提出的安全隐患整改要求，并确认隐患整改效果。

（4）对被行政主管部门停工、挂牌督办、通报批评、考核不合格和安全生产投诉的项目部，当事单位应迅速组织安全检查，整改隐患，并将整改情况向相关部门及时进行反馈。

4. 检查台账

集团（局）、公司及项目各级机构需建立检查台账，对隐患分级管理;公司、项目定期将单位隐患排查治理情况进行统计分析，上报上级机构。

安全信息化管理

1. 视频监控系统

各工程项目可在施工现场安装视频监控系统，实现对施工现场的可视化监控管理。常见的监控部署点位有:基坑、塔吊、钢筋加工棚、龙门吊塔、隧道口、出入口、搅拌站以及围挡四周、材料堆场、仓库等其他区域。具体布置数量可根据施工现场实际情况落实。

2. 劳务实名制管理系统

工地实名制考勤系统必须各个施工现场、项目经理部、指挥部统一接口接入，将数据实时传入"云筑网"、局实名制考勤系统以及各个工程局的劳务实名制系统中。通过实名制考勤系统严格管控出勤人员的进出情况，严禁冒名顶替代刷卡进出、代工操作。重点记录稽查人员和重要管理者是否按时到现场督促指导工作。

3. 安全管理系统

利用安全管理系统、协同平台、安全管理 APP 等信息系统建立项目安全管理信息平台，采用信息化的手段，方便、快捷地了解项目现场安全管控情况、安全履约情况，并实现安全问题督导跟踪。

（1）安全分级管理

项目安全信息化管理分项目级、公司级、集团（局）级三级管理。

项目级：项目经理为项目安全履约第一责任人，项目安全监督部为主要责任部门，主要负责项目日常安全检查、现场安全问题及收到的安全投诉的录入、问题收集、汇总、反馈、整改，同时负责安全整改要求和安全投诉的落实与销项。

公司级：公司总经理为公司级安全履约第一责任人，公司安全监督部为主要责任部门，主要负责收集汇总分析公司所属的各项目安全检查情况、安全履约问题情况，定期录入对各项目安全检查情况、安全整改要求及公司级安全投诉，同时对安全检查发现的问题、安全投诉进行监督。

集团（局）级：企业法定代表人为集团（局）级安全履约第一责任人，集团（局）安全监督部为主要责任部门，主要负责收集汇总分析集团（局）级所属的各公司和各项目安全检查情况、安全履约问题情况，定期录入对的各公司和重难点项目的安全检查情况、安全整改要求及集团（局）级安全投诉，同时对安全检查发现的问题、安全投诉进行监督。

（2）安全管理系统

系统通过识别风险、控制风险，固化安全管控流程，实现过程可预警、结果可分析，确保管理制度落地，最终达到安全"零"事故目标。通过建立安全隐患问题库，实现现场安全检查、整改、复查等业务智能流转。安全巡检过程中，运用手机 APP，有效定位安全隐患发生工点工序，拍照取证后即时下发安全整改通知单，精准传递至安全问题整改责任人，第一时间完成整改闭环，并对超时整改实行未销项提醒，解决传统低效率的问题，避免人为修改数据，实现隐患与事故可追溯。通过填报行为安全之星活动记录，自动统计分析项目安全活动开展情况，切实提高安全活动的针对性。从安全隐患类型、安全检查频率、安全隐患整改效率等角度对安全巡检数据进行分析，实时反映安全管控状态，构建持续有效的安全风险分级管控和隐患排查治理双重预防机制。通过安全隐患数据库的数据整理，可以建立集团（局）安全隐患库和核心数据资产。通过规范整改通知单及回复单格式，全集团（局）统一后，减少一线人员工作量，为基层减负。主要管理指标应包括：

风险管理：分析项目风险数量和风险级别，提示当期风险数量，列明当月重大危险源和责任人，提示当期完成应急预案和演练数量，列出应急指挥长姓名和电话。

安全动态：通过检查验收（各级安全环保管理线条领导检查、观摩、评定、验收等内容）、主题活动（安全月活动、演练活动、培训教育、技能比武等内容）、行为安全之星活动三个模块，记录项目安全管理工作开展情况。

安全巡检：分析安全隐患整改流程中的检查数量、问题总数、已销项数量、整改中数量、已超期数量、整改完成率及安全隐患发生类型比例。

通过积累的安全巡检系统的管理数据，探索利用人工智能手段（如自动监测监控、物联网、云计算等），自动分析、识别、监控现场风险、隐患，主动提示安全风险、不安全行为、不安全状态以及管理上的缺陷，从而提升现场安全管控水平，逐步实现线上进行安全检查，提高安全管控智能化水平。

安全红线监督管理

针对项目现场施工易形成重大质量、安全与环境等隐患的行为，依据《中华人民共和国建筑法》《中华人民共和国安全生产法》《建设工程安全生产管理条例》《危险性较大的分部分项工程安全管理规定》等法律法规，经集团（局）、专业部门识别后划出不可触犯的现场施工红线，项目必须严格遵守。

1.红线规定

房屋建筑及基础设施类工程项目可根据实际情况具体分析确定，如其中涵盖的土方工程、模板工程、钢筋工程、用电系统、特种设备、桥梁工程、隧道工程等。

2. 考核处罚

（1）集团（局）采取随机抽查的方式执行，在重点工程检查、督导及专项检查中同步实施检查，对违反红线规定的公司予以书面警告，责令限期整改，必要时可采取停工或局部停工等措施。

（2）公司对项目检查过程中发现违反红线规定的，予以书面警告，责令限期整改，必要时可采取停工或局部停工、项目主要管理人员进行经济处罚等措施。

（3）项目对分包单位、作业班组检查中违反红线规定的，予以书面警告，责令限期整改，必要时可采取停工或局部停工、经济处罚等措施。

文明施工管理

坚持"以人为本，标本兼治"的原则，建立健全文明施工管理制度，依靠科学、规范的管理和技术进步，推动城市建设文明施工工作的开展。

1. 管理目标

文明施工内容须包括（但不限于）：现场围挡（包括围挡外50m范围）、封闭管理、施工现场、材料堆放、现场宿舍、现场防火、治安综合治理、现场标牌、生活设施、保健急救、社区服务等。

2. 管理内容

（1）落实工地标准化管理

现场围挡、加工棚、施工、办公、生活等设施优先采用装配式、标准化材料，创建标准化工地，使现场管理上升一个层次。

（2）施工现场和生活区实行封闭管理

施工现场和生活区除人员、车辆进出口通道外，其余四周边应设置连续封闭的围墙或围挡。现场进出口设置 8m 宽大门，生活区 4m 宽大门。主要出入口设门卫室，并设专职保安员，保安员必须穿戴整齐，佩戴明显标志，建立门卫管理制度。施工现场管理人员和作业工人必须佩戴工作胸牌。在施工现场要悬挂醒目的安全标识牌、安全警示牌及安全生产日历牌。施工现场设固定的宣传栏及黑板报。现场办公室要整洁干净，要悬挂有关管理人员岗位责任制及有关的图牌。职工生活区设置职工学习和娱乐场所。

（3）规范施工场地管理

施工现场推行硬化施工。办公室、食堂、宿舍、厕所、材料堆放、钢筋加工场、木工加工场要求浇筑厚度 100mm，强度 C15 的混凝土地面。施工现场设置连续、通畅的排水措施，工地不能有积水。工地通道外侧要设置排水沟，不能让泥浆、污水、废水外流。施工现场设置自动洗车槽，出入工地车辆在工地冲洗干净后，方可上路行驶。工地设置固定吸烟处，不得随地吸烟，以防引发火灾。工地要根据季节进行鲜花、绿化布置。

（4）现场的材料管理

施工现场内的材料严格按施工总平面图上规定的位置堆放整齐，并设材料标识牌。库内材料要分类堆放整齐，使用运输方便。水泥库门前应有标牌，库内水泥按品种分开堆放，高度符合规定要求。水泥堆码时，下面要设置防潮隔离层，使用时要清底。易燃易爆物品要单独设库保管，要有可靠的安全措施。砂石分类堆放，并设明显界限，使用要清底。砖在指定地点成垛堆码；钢管、木方（板）不能乱丢、乱垛放置，施作后要及时清理堆码，并设置遮雨措施。

（5）机具设备的管理

现场使用的机械设备要按施工总平面图设置。机械的标记、编号明显，要有安全标牌和操作规程，有安全接地。在使用的砂浆机等机械旁必须有沉淀池，不得将浆水直接排放入下水道。清洗机械排出的污水要有排放措施，不得随地流淌。机械设备要完好，做好编号管理工作，不能带病工作。固定的机械设备要有防雨、防晒遮棚，机操工要持证上岗，不得违章操作，机械运行要有记录，台账要齐全。

（6）作业面管理

工人作业面和周围必须清洁整齐，做到活完脚下清，工完场地清。在搅拌、运输、使用砂浆过程中，做到不洒、不漏、不剩。使用地点盛放砂浆、混凝土必须有垫板或盛器，如有洒漏要及时清理，建筑垃圾要及时进行清理。各种洞口、"五临边"要按企业《建筑施工安全检查标准》做好临边防护。

（7）宿舍管理

职工宿舍要根据施工总平面图位置搭设，通风条件良好，不潮湿。单人单床，不准通铺。职工宿舍要有卫生管理制度，并有治安、防火、卫生、生活管理责任人。每天进行清扫，定期对卫生状况进行检查。宿舍内不得乱拉乱接电线，不能用电炉、电饭煲等。宿舍区内要有沐浴室，宿舍区内要配置足够的灭火器。搞好职工宿舍区的卫生、绿化工作。

（8）食堂管理

施工现场应设置统一的集体食堂，食堂的位置应远离厕所、污水沟、垃圾等污染源。食堂内墙壁要用瓷片，地面要贴地面砖。食堂应有足够的空间、良好的通风。具有健全的符合卫生标准的食堂管理制度，提高食品卫生质量，预防食物中毒。要有合格的可供食用的清洁水源和畅通的排水措施。工地应放置茶水桶，并加盖加锁设标志。用餐区有装剩余饭菜的桶，并经常进行清扫。

炊事员上岗应持有有效的健康证明，炊事员操作时必须穿戴好工作服、发帽，做到"三白"（白衣、白帽、白口罩）。做到文明操作，不赤背、不光脚、禁止随地吐痰。要做到生熟食分开，熟食要用有纱门（纱盖）盖好，生菜要分类堆码好并做好防腐措施。食堂要有有效的灭蝇、灭蚊措施。

夏季施工时应有防暑降温措施。

（9）厕所卫生管理

施工现场按施工总平布置图的要求设置厕所，厕所应与食堂保持一定的距离。厕所屋顶、墙壁要严密，门窗齐全有效，内墙贴瓷片，以上抹灰刷白，地面贴地砖。要有明显的"男厕所""女厕所"的标牌。施工现场的厕所应有化粪池，加盖并定期喷药。厕所内必须有水源可供冲洗，落实每日有专人负责清洁。

（10）CI形象管理

为了做好项目的文明施工，建造舒适的生产、生活和办公环境，保持施工场地整洁、卫生，创造工地良好的文明气氛，并体现公司项目的合理管理，规范项目现场形象。各工程项目可参照企业集团（局）标准化图集，根据实际情况具体落实。

应急救援与事故处理

1. 应急管理组织机构

（1）集团（局）、公司应建立健全生产安全事故应急工作责任制，集团（局）、公司主要负责人和项目经理对本单位和项目部的生产安全事故应急工作全面负责。

（2）集团（局）、公司应成立应急管理委员会，作为本单位应急管理工作的最高领导机构，负责统一管理、领导指挥、重大决策等工作，发挥领导核心作用。

（3）应急管理委员会主任由集团（局）及各级单位主要负责人担任，副主任由本单位相关业务分管负责人，委员由本单位其他负责人担任。

（4）集团（局）、公司分管生产安全的副总经理负责应急管理委员会生产安全方面的日常工作；各分管领导应当按照职责分工落实应急预案规定的职责。

（5）应急管理委员会应建立工作制度和例会制度。

相关内容见图 11-1 和表 11-2。

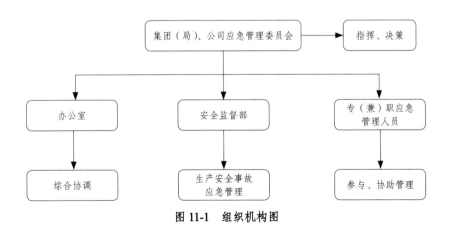

图 11-1　组织机构图

履约管理
Performance Management

应急管理工作职责   表 11-2

管理层级	管理职责
应急管理 委员会	1. 指导、督促落实国家应急管理方针政策及有关法律法规、规定和标准。 2. 研究决策应急管理重大问题和突发事件应对办法。 3. 建立健全应急管理体系，完善应急管理组织机构，建立应急物资、设备资源库。 4. 组织、指导、督促建立完善各类突发事件应急预案，组织开展应急预案的培训和演练，并持续改进。 5. 组织对所属单位应急管理的检查、督查。 6. 督促所属单位主动与所在地人民政府应急管理体系对接，建立应急联动机制。 7. 指导、督促落实各项防范和处置突发事件的措施，及时有效应对单位各类突发事件，做好舆论引导工作。 8. 指导专（兼）职救援队伍和应急平台建设。 9. 做好突发事件的报告、处置和善后工作，做好突发事件的舆情监测、信息披露、新闻危机处置。 10. 组织参与社会突发事件的应急处置与救援
应急管理综合 协调部	1. 负责组织单位应急体系建设。 2. 组织编制单位总体应急预案。 3. 组织协调分管部门开展应急管理日常工作。 4. 在应急状态下，负责综合协调全局内部资源、对外联络沟通等工作
生产安全事故 应急管理	1. 负责生产安全事故专项应急预案的编制、评估、备案、培训和演练。 2. 负责生产安全事故应急管理的日常工作。 3. 分管生产安全事故的应急处置。 4. 负责预测预警
专（兼）职应 急管理人员	1. 参与拟定、修订安全生产应急管理制度并组织实施。 2. 协助安全生产应急体系建设。 3. 协助指导、协调下属单位安全生产应急救援工作。 4. 参与安全生产应急救援预案的编制。 5. 负责安全生产应急救援资源监督管理。 6. 建立全局安全生产应急救援信息数据库。 7. 对下属单位安全生产应急预案的实施进行监督管理。 8. 策划应急预案演练方案，并参与组织实施。 9. 协助组织应急预案的评审和修订。 10. 组织应急救援队伍的培训管理。 11. 协助调动应急力量和资源参加应急救援和保障任务。 12. 负责应急值班、信息汇总及日常工作。 13. 及时将应急管理委员会领导的指令通知有关部门。 14. 组织应急知识培训教育。 15. 负责现场应急处置总结的审核，归档工作

2. 应急预案体系

集团（局）、公司应急预案体系由综合应急预案、专项应急预案和现场处置方案构成。

（1）综合应急预案是单位应急预案体系的总纲，主要从总体上阐述事故的应急工作原则，包括单位的应急组织机构及职责、应急预案体系、事故风险描述、预警及信息报告、应急响应、保障措施、应急预案管理等内容。

（2）专项应急预案是单位为应对某一类型或某几种类型事故，或者针对重要生产设施、重大危险源、重大活动等内容而定制的应急预案。专项应急预案主要包括事故风险分析、应急指挥机构及职责、处置程序和措施等内容。

（3）现场处置方案是项目部根据不同事故类型，针对具体的场所、装置或设施所制定的应急处置措施，主要包括事故风险分析、应急工作职责、应急处置措施和注意事项等内容。

（4）项目部应根据风险评估、岗位操作规程以及危险性控制措施，组织现场作业人员及安全管理等专业人员共同编制现场处置方案。

（5）综合应急预案、专项应急预案和现场处置方案之间应当相互衔接，并与上下级单位、当地政府及有关部门、应急救援队伍和涉及的其他单位的应急预案相衔接。

应急预案管理流程如图 11-2 所示。

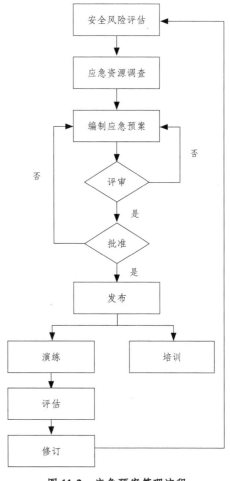

图 11-2　应急预案管理流程

3. 应急预案的编制

（1）单位主要负责人和项目经理负责组织编制和实施本单位、项目部的应急预案，并对应急预案的真实性和实用性负责。

（2）应急预案应当符合有关法律、法规、规章和标准的规定，具有科学性、针对性和可操作性，明确规定应急组织体系、职责分工以及应急救援程序和措施。

（3）应急预案的编制工作，应根据有关法律、法规、标准及《生产经营单位生产安全事故应急预案编制导则》的要求，结合本单位的危险源状况、危险性分析情况和可能发生的事故特点等情况进行。

（4）应急预案编制前，编制单位要收集地方政府和负有安全生产监督管理职责的部门向社会公布的生产安全事故应急救援预案。

（5）编制单位要针对可能发生的事故种类、特点和危害，进行事故风险辨识和评估，并在全面调查本地区、本单位第一时间可以调用的应急资源状况和合作区域内可以请求援助的应急资源状况的基础上，对本单位应急能力进行评估，依据评估结果，完善应急保障措施。

（6）事故风险评估的主要内容包括：

1）分析存在危险的危害因素，确定事故危险源；

2）分析事故可能产生的直接后果以及次生、衍生后果；

3）评估事故的危害程度和影响范围，提出防范和控制事故风险措施。

（7）应急资源包括应急人力资源、应急物资、应急装备、应急设施、应急资金、技术和信息，应急资源调查和应急能力评估的主要内容包括：

1）处理安全生产事故所需的应急资源；

2）本单位相关应急资源的基本现状、功能完善程度、受可能发生的事故的影响程度等；

3）本单位能够调查或掌握可用于参与事故处置的相关社会应急资源情况；

4）分析本单位的应急资源以及周边可依托的社会应急资源是否能够满足应急需要，本单位应急资源储备及管理方面存在的问题、不足等；

5）针对应急资源调查后，形成基本调查结论；

6）提出完善本单位应急资源保障条件的具体措施。

（8）集团（局）、公司和项目部必须编制综合应急预案。

（9）在进行项目安全策划时，应根据项目事故风险评估结果确定，确定项目部需要编制的专项应急预案，危大工程和高风险点应当编制专项应急预案。

（10）项目部必须编制现场处置方案。

（11）应急预案应当包括向上级应急管理机构报告的内容、应急组织机构和人员的联系方式、应急物资储备清单等附件信息。附件信息发生变化时，应当及时更新，确保准确有效。

4. 应急预案的评审

（1）编制单位应对本单位编制的应急预案进行评审，包括有关安全生产及应急管理方面的专家，必要时可邀请包括相关主管部门或专家参加，并形成书面评审纪要。

（2）评审内容主要包括应急预案的实用性、预案基本要素的完整性、危险分析的科学性、预防和救援措施的针对性、应急响应程序的可操作性、应急保障工作的可行性、与政府有关部门应急预案衔接等。

（3）应急预案编制单位应根据评审意见对应急预案进行修订完善；评审意见要求重新组织评审的，应急预案编制单位应按要求修订后重新组织评审。

（4）应急预案经评审或者论证后，由单位主要负责人、项目经理签署公布，并及时发放到本单位、项目部有关部门、岗位和相关应急救援队伍。

（5）事故风险可能影响周边其他单位、人员的，项目部应当将有关事故风险的性质、影响范围和应急防范措施告知周边的其他单位和人员。

（6）应急预案编制单位应当将其制定的应急预案按照国家有关规定报送所在地县级以上地方人民政府负有安全生产监督管理职责的部门备案，并依法向社会公布。

5. 应急保障

（1）集团（局）、公司应当按照应急预案的要求配备相应的应急救援器材、设备和物资，建立使用状况档案，定期检查应急物资及设备的数量、质量、技术性能，并进行经常性维护、保养，使其处于良好状态。

（2）通过应急能力评估，若本单位应急队伍、装备、物资等应急资源状况不足时，应与相关单位或机构签订应急保障服务协议，保障施工突发事故的抢险和救援。

（3）集团（局）、公司要及时掌握相关单位或机构应急资源的状况。

（4）集团（局）、公司应当建立应急救援队伍，应急救援人员应当具备必要的专业知识、技能、身体素质和心理素质；应当按照国家有关规定对应急救援人员进行培训；应急救援人员经培训合格后，方可参加应急救援工作。

（5）应急救援队伍应当配备必要的应急救援装备和物资，并定期组织训练。

（6）集团（局）、公司应当及时将本单位应急救援队伍建立情况按照国家有关规定报送县级以上人民政府负有安全生产监督管理职责的部门，并依法向社会公布。

6. 应急值班

（1）集团（局）、公司应建立应急值班制度，配备应急值班人员，明确值班人员的职责工作纪律和工作制度，及时接收、报告和处置各类预警和事故信息，传达上级的指示、批示。

（2）值班人员应将值班期间发生的事项和处置情况完整地记录。

（3）不得安排临时聘用人员、离退休人员值班。

7. 应急培训

（1）集团（局）及二级单位应当将应急预案的培训纳入安全生产培训工作计划，并组织实施应急预案培训工作，"三级安全教育"应进行应急预案的培训。

（2）应急预案发布后，应急预案发布单位要强化对应急预案涉及人员特别是指挥机构、各工作组成员、救援队伍等的培训，使其了解应急预案内容、各自职责、应急程序、实施步骤、信息报送程序、所在岗位应急措施等关键要素。

（3）各单位应当组织开展本单位的应急预案、应急知识、自救互救和避险逃生技能的培训活动，使有关人员了解应急预案内容，熟悉应急职责、应急处置程序和措施。

8. 应急演练

（1）集团（局）、公司及项目部应当制定应急预案演练计划，根据事故预防重点，公司至少每年组织 1 次生产安全事故应急救援预案演练，项目部至少每半年组织 1 次生产安全事故应急救援预案演练，并将演练情况报送所在地县级以上地方人民政府负有安全生产监督管理职责的部门。

（2）项目部要根据施工进度和安全风险制定现场处置方案的演练计划，并组织实施。

（3）应急演练可邀请安全生产应急管理机构或有关主管部门相关专家参加评估。

（4）应急预案演练结束后，应急预案演练组织单位应当对应急预案演练效果进行评估，撰写应急预案演练评估报告，分析存在的问题，并对应急预案提出修订意见。

9. 应急预案的修订

（1）应急预案应当根据预案演练、启动和机构变化等情况适时修订。

（2）应急预案应当至少每三年修订一次，预案修订情况应有记录并归档。

（3）有下列情形之一的，应急预案制定单位应当及时修订相关预案：

1）制定预案所依据的法律、法规、规章、标准发生重大变化；

2）应急指挥机构及其职责发生调整；

3）安全生产面临的风险发生重大变化；

4）重要应急资源发生重大变化；

5）在预案演练或者应急救援中发现需要修订预案的重大问题；

6）其他应当修订的情形。

（4）应急预案修订后，编制部门应及时向相关部门报告，并按照有关应急预案报备程序重新备案。

10.应急响应

应急响应流程如图 11-3 所示。

（1）当发生安全生产事故、政府相关部门发布的预警信息和出现事故征兆时应立即启动应急预案，并根据应急预案和事故的具体情况，逐级上报。

（2）集团（局）、公司应建立预警机制，根据政府有关部门发布的预警信息，做好影响性评估和预测工作，预警信息逐级传递到各生产单位。

（3）发生生产安全事故后，事故发生单位、项目部应当立即启动生产安全事故应急救援预案，采取下列一项或者多项应急救援措施，并按照国家有关规定报告事故情况：

1）迅速控制危险源，组织抢救遇险人员；

2）停止现场作业，组织现场人员撤离，通知可能受到事故影响的单位与人员；

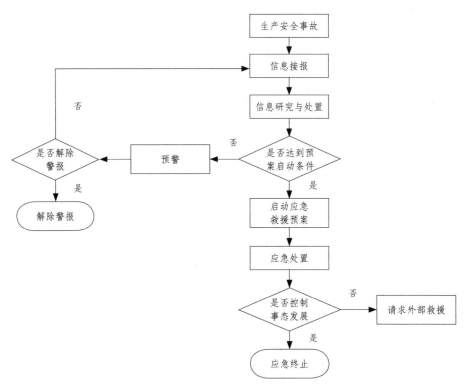

图 11-3　应急响应流程图

3）防止事故危害扩大和发生次生灾害的必要措施；

4）根据需要请求邻近的应急救援队伍参加救援；

5）向参加救援的应急救援队伍提供相关技术资料、信息和处置方法；

6）维护事故现场秩序，保护事故现场并及时收集证据；

7）法律、法规规定的其他应急救援措施。

（4）严格执行有关救护规程和规定，严禁救援过程中的违章指挥和冒险作业，避免救援中的伤亡和财产损失。

（5）应当完整、准确地记录应急救援的重要事项，妥善保存相关原始资料和证据。

（6）生产安全事故应急处置和应急救援结束后，事故发生单位应当对应急预案实施情况进行总结评估。

11. 事故报告

（1）流程图

事故报告流程如图 11-4 所示。

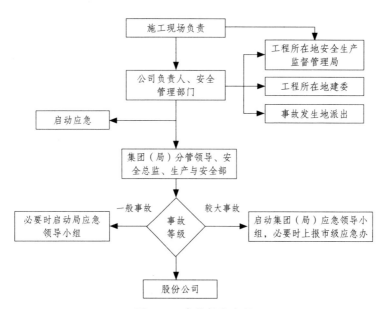

图 11-4　事故报告流程

（2）事故发生后，事故现场有关人员应立即用电话向本单位负责人报告，负责人接到报告后应立即向上一级主管领导和主管部门报告，并于 1 小时内将事故情况向事故发生地有关政府部门报告。

（3）发生事故后，由公司填写《因工伤亡事故快报表》加盖公章后传真至集团（局）安全部，快报的上报时间不能超过 24 小时。

（4）各公司每月 5 日前和每年 1 月 25 日前将本公司《职工伤亡事故统计月报表》和《职工伤亡事故统计年报表》上报集团（局）安全部。

（5）对不按规定及时上报事故情况和报表的公司，以及存在迟报、漏报和谎报事故现象的公司，集团（局）将在系统内进行通报批评，情节严重者，除给予必要的经济处罚外，对相关责任人还可给予党纪政纪处罚。

12. 事故调查

（1）事故发生后，公司应组织项目部在政府部门事故调查人员到达现场后，提供与事故有关的如下材料：

事故单位的营业证照、资质证书复印件；

有关经营承包经济合同、安全生产协议书；

安全生产管理制度；

技术标准、安全操作规程、安全技术交底；

三级安全培训教育记录及考试卷或教育卡（伤者或死者）；

项目开工证，总、分包施工企业《安全生产许可证》；

伤亡人员证件（包括特种作业证及身份证）；

用人单位与伤亡人员签订的劳动合同；

事故调查的初步情况及简单事故经过（包括：伤亡人员的自然情况、事故的初步原因分析等）；

事故现场示意图、事故相关照片及影像材料；

与事故有关的其他材料。

（2）事故调查期间，公司负责人和有关人员不得擅离职守，并随时接受事故调查组的询问，如实提供有关情况。

（3）事故发生后，公司应迅速组成内部事故调查组，配合政府各主管部门开展事故调查，组织内部事故分析。

13. 事故处理

（1）事故发生后，施工现场应成立由项目负责人牵头的事故整改小组，对施工现场进行全面检查、整改，组织对现场工人进行安全教育和安抚工作。

（2）现场整改工作完成后，向负责事故处理工作的政府主管部门提交复工申请整改措施报告，经政府主管部门复查批准后方可恢复施工。

（3）事故调查组应按照"四不放过"原则进行事故的分析和处理，组织企业内部事故分析通报会，向企业安委会提交事故调查报告书（附件二），提出对事故有关责任人员的处理意见。

（4）在组织事故调查和处理的同时，应组成事故善后处理小组，按照国家规定进行事故的善后处理；针对负伤人员，要组织工伤认定、工伤鉴定和工伤保险赔付的申报工作。

（5）事故结案后，各二级单位应及时将政府部门出具的事故结案报告及批复上报股份公司安全生产管理部门备案或提供相关能证明事故已经结案的材料。

14. 事故记录

事故记录表见表 11-3。

事故记录表 表 11-3

序号	记录名称	填报单位	审批单位	填报时间和频次
1	应急预案编制计划	项目 / 公司	公司	开工前 / 年初
2	应急预案	项目 / 公司	公司	开工前 / 年初
3	应急预案台账	项目 / 公司	公司	实时
4	职工伤亡事故快报表	项目	公司	24 小时内
5	企业职工因工死亡事故调查报告书	项目	公司	事故处理后
6	职工伤亡事故统计月报表	项目 / 公司	公司 / 集团（局）	每月
7	职工伤亡事故统计年报表	项目 / 公司	公司 / 集团（局）	每年年初

12 环境

环境管理

近年来，国家越来越重视环境保护工作，建筑施工企业施工现场必须通过建立健全环境管理体系，有效规范施工生产行为，借助环境监控设备以及信息化管理等手段，实现环保绿色施工。

环境管理流程

环境管理策划

环境管理的信息化

工程履约

Contract Performance Management
of Construction Enterprises

环境管理流程

1. 环境管理流程

环境管理流程如图 12-1 所示。

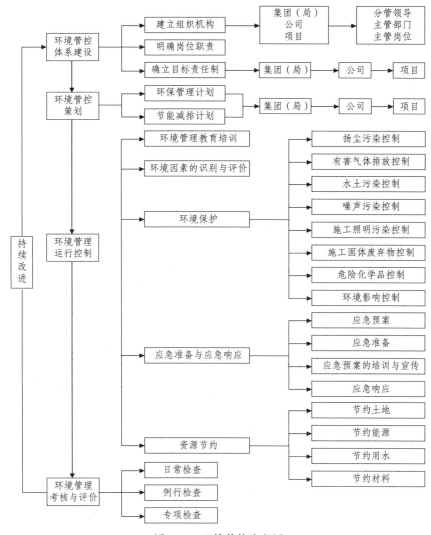

图 12-1　环境管控流程图

2. 组织体系

集团（局）环境管理组织机构由集团（局）、公司、项目三级构成，各级设置环境分管领导、环境主管部门和环境主管。相关内容见图 12-2 和表 12-1。

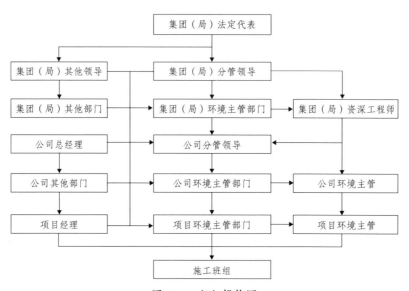

图 12-2　组织机构图

<table>
<tr><td colspan="4" align="center">**各岗位环境管理职责表**　　　　　　　　　　　　表 12-1</td></tr>
</table>

管理层级	岗位名称	管理职责
集团（局）	董事长	统管公司环境管理体系；建立和调整集团（局）环境管理体系组织机构，规定岗位职责和权限；组织管理评审；确保为环境管理体系持续有效运行所需的资源
	分管领导	组织建立、运行与保持集团（局）环境管理体系；组织制定集团（局）环境目标和指标；批准公司总部环境管理计划；组织环境管理体系内部审核；协助董事长组织管理评审；对外代表公司处理和协调与环境管理体系认证的有关工作
	生产与安全部	负责管理评审的日常管理工作；在分管领导的具体组织下，实施环境管理体系内部审核；建立集团（局）《常见环境因素清单》；负责环境信息的内外部沟通工作；负责接待外部审核的组织工作

续表

管理层级	岗位名称	管理职责
公司		负责收集、识别与项目施工过程有关的环境保护法律法规，并传达至所属项目；组织制定项目环境管理目标；审批并备案所辖项目的重要环境因素清单；审批并备案项目环境管理计划；组织招标文件及合同评审，识别业主的环保要求；负责向分包方传递项目环保要求，并督促其实施；对项目环境管理体系的运行实施监督管理；负责其行政办公的环境因素识别与评价；负责制定其本部行政办公的环境目标、指标和环境管理计划，并组织落实；按时上报节能减排统计报表
项目		识别本项目环境因素，评价重要环境因素；识别本项目应遵守的环境法律、法规；建立项目环境目标和指标；编制并实施项目环境管理计划；组织本项目环境管理体系的运行；组织项目的环境绩效的监视和测量；按时上报节能减排统计报表

3. 各级责任划分

（1）集团（局）以《集团（局）总部部门年度量化指标汇总表》中工程部环境管理指标作为对集团（局）生产与安全部环境管理考核评价的依据，明确集团（局）环境管理目标。

（2）集团（局）以《公司领导班子年度量化考核指标》中环境管理指标作为对公司环境管理考核评价的依据，明确各公司环境管理目标。

（3）公司与项目部签订《项目管理目标责任书》中，应明确项目环境管理目标。

（4）项目部应根据《项目管理目标责任书》，对项目环境目标进行分解，制定项目各部门和管理人员的环境管理责任和目标，将环境管理目标分解到每个分包方、每个专业、每个作业班组。

（5）公司或项目部应将有关环境管理要求、职责和权利以及有关处罚考核情况在分包合同或协议中明确。对于建设单位直接发包的分包工程，公司或项目部应将有关管理要求告知建设单位，要求建设单位在合同中明确。

（6）项目部应严格执行上级相关环境管理制度，建立健全项目环境管理责任制，制订项目环境管理流程，确保项目环境管理体系的有效运行。

环境管理策划

1. 环境管理策划流程

工作程序流程图如图 12-3 所示。

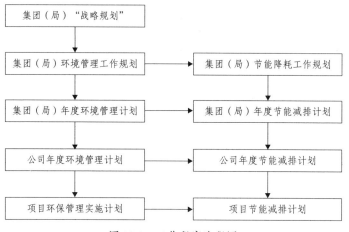

图 12-3　工作程序流程图

2. 编制

集团（局）工程部根据集团（局）"战略规划"的要求，以《集团（局）总部部门年度量化指标汇总表》中工程部环境管理指标为基础，并结合集团（局）年度部门工作重点，制订集团（局）年度环境管理计划，同时确定集团（局）节能减排计划指标。

集团（局）以《公司领导班子年度量化考核指标》的形式向公司下达各公司年度节能减排计划指标。公司根据集团（局）下达的公司年度节能减排计划指标，制订公司年度节能减排计划指标，确定所属项目的节能减排计划指标。

项目部根据公司对项目明确的节能减排计划指标，按《项目实施策划书》及工程承包合同、当地环保法律、法规的要求，以及办公、生活和生产的需要，对环境管理进行策划，并编制《项目环保管理实施计划》及《项目节能减排计划表》，确定项目环保管理人员、设备设施配备、管理内容、管理措施、管理要求。其主要内容包括：

（1）环境目标指标；

（2）针对目标指标采取的具体方法和措施；

（3）各方法和措施的责任部门、人员的职责和工作流程；

（4）所需的资源（资金、物资材料、主要设备）要求；

（5）各方法和措施的进度的安排及完成时间；

（6）绩效测量方法和要求以及必要的纠正措施。

项目部要根据工程项目的总体目标制定分项指标，在制定指标是应充分考虑污染预防的思想。环境目标指标制订的依据：

（1）法律、法规和其他要求；

（2）以评价出的重要环境因素为基础，并注意对重要环境因素在管理上的连续性；

（3）集团（局）及上级主管部门下达的环境目标；

（4）公司管理、技术及经营现状；

（5）考虑相关方的观点，如业主、周围居民的期望和要求等；

（6）环境管理存在的问题和不足之处，包括环境不符合、环境投诉。

制定目标指标应能够测量，以便在施工过程中对目标指标的执行情况进行评价，及时采取措施，实施改进，不能把事后检查的目标作为分解指标。

在制定分项目标时，应考虑以下因素：

（1）应符合国家、地方及企业的管理要求，并考虑工程项目的总体目标及工程的特点，使策划的目标符合项目的管理要求，不要过高或过低，应保证目标指标具有一定的激励性。

（2）应考虑项目部的经营成本情况，明确所需的资金投入，并确保所需的资金投入。

（3）应考虑设备资源及人力资源的情况，保证资源的提供。

（4）应考虑相关方的要求，包括业主方、监理方、施工单位等，并考虑周围社区居民的要求。

3. 审批

各级计划审批层级表见表 12-2。

各级计划审批层级表 表 12-2

管理计划名称	编制	审核	批准
集团（局）环境管理计划	集团（局）工程部	集团（局）分管领导	集团（局）主要领导
集团（局）节能减排计划			
公司环境管理计划	公司质量管理部门	公司分管领导	公司主要领导
公司节能减排计划			
项目环境管理实施计划	项目经理组织，项目部共同编制	公司环境主管部门	公司分管领导
项目节能减排计划			
备 注	环境管理计划的审批通过集团（局）办公平台进行审批		

环境管理的信息化

1. 环境监测系统

项目可在施工现场安装环境监测系统，实现对施工现场的环境监测管理。常见的监测方式有：视频监控、温湿度检测、风速风向检测、扬尘检测、噪声检测、光、二氧化碳、PM2.5、PM10 等。具体布置数量可根据施工现场实际情况落实。系统架构见图 12-4。

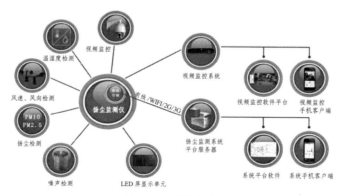

图 12-4 系统架构

2. 环境检测系统信息化管理

环境监测系统，利用物联网感知、数据无线通信、数据库和地理信息系统等先进技术，集数据采集、数据传输与视频字符叠加为一体，系统包括监测设备终端、视频采集终端、数据监测及传输、服务器、监控管理软件、手机客户端等设备。实时监测数据，把采集到的环境数据实时上报到云平台，并通过大数据对其统计分析与展示。让各项目做好自检，以改善工地环境问题。环境监测系统可以实现以下几大功能：

（1）即时监测。监测系统能对所有工地监测点的数据进行监测，并实时显示动态。同时，监测系统还能读取到各工地监测点的各项数值，并依照此数值在监控中心展现出每个监测点的时间轴波形图。

（2）报警提醒。监测系统能对自动超标进行报警，当预先设置好工地监测点的报警数值，一旦达到报警值时，就会立即报警。同时，监测系统还能自动判断检测数值，并自动引发系统报警和定位工地的具体地理位置。

（3）历史数据查询。监测系统能对数据进行留存，可保留收集到的所有数值。同时，后期可遵照历史数据来分析区域的指标并生成报表，这种建立在数据库基础上的即时数据为数据的查询和分析提供了便利。

（4）趋势分析。监测系统能在客户端软件上显示出各项数值的趋势图，使用户分析趋势走向时更便利。同时，它还能通过对即时和历史趋势剖析，做到对该工地某个时间段内的环境指标情况了然于心，从而给监管提供科学依据。

13 收尾

收尾管理

项目收尾管理是项目管理过程的最后阶段，由于项目收尾事务繁琐，费力、费时，收尾工作很容易被忽视，但收尾工作非常重要，最能体现企业和个人的综合管理能力。

收尾工作策划
现场清理原则
工程移交程序
资料归档及移交

工程履约
Contract Performance Management
of Construction Enterprises

收尾工作策划

（1）公司（分公司）成立收尾项目管理工作小组，总经理任组长，分管生产副总经理任副组长，公司（分公司）各部门负责人及相关职能人员为组员的收尾项目管理工作领导小组，小组办公室设在公司（分公司）工程部。项目部应成立与之对应的项目收尾工作小组并开展工作，项目经理为项目收尾工作小组组长，组员由项目部编制安排，报收尾领导小组审批后实施。

（2）工程项目进入收尾阶段的形象进度要求为：工程已实质上完工，并通过建设单位组织的竣工初验（或工程主体全部完工，施工累计进度达到工程总量的95%以上）。

（3）项目进入收尾阶段时，应成立由项目经理任组长的竣工收尾小组。在工程正式移交前一个月，项目经理会同小组主要管理人员制订项目收尾计划，项目收尾计划经项目经理审批后实施。

（4）项目收尾工作应包括现场附属工程清理、工程档案资料归档及移交、工程移交、项目部退场和保修服务等，收尾计划至少应包含完成上述五个方面的工作安排、责任人、计划完成时间。

（5）项目收尾工作由项目工程管理部门牵头组织、指挥与协调，首先进行工地现场清理并经自检合格工程档案资料（含工程总结竣工图表等竣工资料编制）归档并经初验合格，然后进行工程移交、工程档案资料移交、工程结算办理、工程保修服务、项目部撤离及考核等工作，见表13-1。

项目收尾工作计划表　　　　　　　　　　　　　　表 13-1

序号	工作项目	是否需要工作方案	责任人或部门	工作期限
1	工程收尾	是●否□		
2	工程移交申请	是●否□		
3	工程档案资料移交	是●否□		
4	办公设施清理	是●否□		
5	生活设施清理	是●否□		
6	材料及机器清理	是●否□		

续表

序号	工作项目	是否需要工作方案	责任人或部门	工作期限
7	道路清理	是 ● 否 □		
8	场地清理	是 ● 否 □		
9	工地周边公共设施还原	是 ● 否 ●		
10	人员撤离	是 ● 否 □		
11	合同收尾及结算清理	是 ● 否 □		
12	项目保函、保证金清理	是 ● 否 □		
13	分包工作清理	是 ● 否 □		
14	通信及网络报停	是 ● 否 □		
15	项目成本还原工作	是 ● 否 □		
16	项目总结工作	是 ● 否 □		
17	其他	是 □ 否 ●		

现场清理原则

（1）收尾项目部根据《收尾工作计划安排》完成本项目现场清理，向公司（分公司）收尾工作领导小组申请现场清理。领导小组征求各业务部门意见后，指派相关主管部门牵头各业务部门对项目进行现场清理检查与督导。

（2）项目部应根据项目收尾工作计划进行工程清理，工程清理包括未完工程的清理和临时设施拆除、场地恢复等工作。

（3）项目部应对照项目房屋图逐间清理，各相关部门及时协调跟进、验收消项。

（4）项目部根据施工现场情况研究确定工地清理方案，制定现场清理工作计划，有序开展工程清理及剩余工作收尾、临时设施清理、设施设备及剩余材料清理、场地清理、道路清理、废物垃圾清理、现场周边设施清理恢复等工作。

（5）现场清理工作由项目部工程管理部门负责，根据清理工作安排制订清理总体计划及每日作业计划，计划下达各工区或作业面，项目部安全、质量、合约、工程部门共同跟进，对照逐项清理、验收消项。各作业面做好施工日志，并每天反馈情况，项目部工程管理部门及时督促协调。

（6）项目部工程、合约管理部门对剩余工程完成情况统计报量，项目部合约部按合同向业主办理结算收款业务。

工程移交程序

（1）公司（分公司）收尾工作领导小组对工程移交程序进行审核。

（2）项目部在工地清理完成后，由项目经理牵头组织有关人员对工程收尾情况进行全面检查验收，确认工程具备移交条件后，向公司提出移交申请。

（3）公司组织有关人员对工程进行移交前检查验收，确认工程已全面满足合同要求，具备移交条件后，公司应会同项目部向业主正式移交工程，办理工程移交手续。

（4）工程移交后，工程按合同履行交工后服务义务，项目部应按照合同或公司与业主协商交工后服务的组织形式，完成工程移交后服务。

资料归档及移交

（1）公司（分公司）收尾工作领导小组对资料归档及移交程序进行审核。

（2）项目部归档资料包括《工程技术资料》及《项目部管理资料》两部分。《工程技术资料》归档按国家及地方建设行政管理部门有关工程档案管理规定进行。项目部应将项目实施过程中的《项目策划书》《项目部实施计划》及成本管理、技术管理、分包管理、材料管理、进度管理、安全环保管理等项目部管理资料整理归档，建立数据库，移交给企业档案管理部门或其他有关部门。

（3）工程移交时，向业主及建设档案管理部门移交项目的技术资料，以便办理工程备案手续。必要时项目部应编制《工程使用手册》或说明书，随工程交给业主方。不完成资料归档移交的项目部，企业不能对项目部最终业绩进行考核与奖励，见表 13-2。

资料归档表   表 13-2

序号	项目管理资料归档类目	主要内容及时间阶段	责任部门 / 人	完成时间
1	项目履约条件调查资料			
2	项目合同评审资料			
3	项目人员工资收入资料			
4	项目管理实施计划			
5	企业及项目部考核、评审资料			
6	项目现金流测算资料			
7	项目信息识别与管理资料			
8	项目物资及设备计划、采购、合同、验收、调拨等资料			
9	项目分包管理资料			
10	项目综合事务方面资料			
11	项目盈亏测算成本管理资料			
12	项目生产计划及进度管理资料			
13	项目成品保护、质量创优、QC 小组活动资料			
14	项目安全生产工作资料			
15	项目收尾管理资料			
16	项目回访保修资料			
17	其他			

工 程 履 约

Contract Performance Management
of Construction Enterprises

第四篇

工程履约实战案例

---

14 探索
企业履约管理实践

本案例介绍了中国建筑五局站在"新常态""供给侧结构改革"的风口上，积极向基础设施业务领域转型升级，推动企业的持续快速健康发展。坚持"现场支撑市场，品质赢得业主，信誉拓展市场"的理念，在基础设施业务领域，一大批"高、大、精、尖"项目的优质履约，带动市场规模的蓬勃发展。特别是在施工总承包管理体系建设，项目管理的四个分级管控以及项目智慧工地建造管理上，为企业优质履约提供借鉴经验。

企业简介
基础设施业务发展历程
主要经验成果
基础设施业务展望

工程履约
Contract Performance Management
of Construction Enterprises

中国建筑第五工程局有限公司是全球最大的投资建设集团、世界500强第18位——中国建筑集团有限公司的骨干成员企业，创立于1965年，主营房屋建筑施工、基础设施建设、房地产与投资三大业务板块，年经营规模1500亿元以上，位居中国建筑集团前三甲、湖南省百强企业第二名，是集投资商、建造商、运营商"三商一体"的现代化投资建设集团。

近年来，中国建筑五局站在"新常态""供给侧结构改革"的风口，推动基础设施业务转型升级，助力企业持续快速健康发展。五局始终坚持"现场支撑市场，品质赢得业主，信誉拓展市场"的理念，一大批"高大精尖"基建项目优质履约，带动市场规模蓬勃发展；同时坚持系统化思维，推动项目履约全过程受控；坚持"重点突出、责任明晰"的层级管理，从项目重要性、实施难度等维度界定"局-公司-分公司"三级管控要点，分级组织策划、督导和考核，通过各级机构充分协同，支撑项目现场实施，由此逐步形成企业级履约管控体系，以及以项目管理手册、标准化施工图集、临建标准化指南、施工作业指导书等为核心的标准化管理体系。

企业简介

中国建筑五局总资产超1000亿元，投资总额超3000亿元，拥有房建、市政、公路"三特三甲"资质。21世纪以来，主要经济指标以年均两位数增长，2019年合同额近3000亿元，营业收入超1200亿元。

在投资与房地产开发领域：代表作有长沙大王山湘江欢乐城、长沙市综合管廊、长沙河西交通枢纽中心近百项重大民生工程。同时，聚焦新型城镇化建设，以"产城融合、宜居宜业"为支点，以"规划联盟、产业联盟"为支撑，致力成为"国内一流、区域领先"的城市运营服务商。代表作有常德桃花源大桥北端片区棚户区改造工程、江西赣州中心城区公共停车场、长沙市城市地下综合管廊等70多个项目。

在房屋建筑施工领域：具有工程总承包管理优势，深基坑、超高层、大体量施工技术全国领先，承建300m以上超高层项目30多个、商业综合体近100座、大型工业厂房70余座。

在基础设施建造领域：公路工程方面，承建湘耒高速、九景高速、京津高速、山西五盂高速、安徽沿江高速、贵州正习高速等公路工程近1800km；铁路工程方面，具备高速铁路世界上最先进的核心施工技术，承建哈大、石武、郑万、渝黔、海西、武黄、潍莱等铁路工程，总里程433km，铁路及轻轨站房工程30多个；城市轨道交通工程方面，承建深圳地铁9号线、13号线，南宁地铁2号线、4号线，徐州地铁1、3号线、长沙地铁1、3、4、5、6号线及重庆地铁1、3、5、6、9五北延线、天津地铁7号线、青岛地铁8号线等11个城市项目；隧道工程方面，掌握穿越浅埋偏压、高压富水溶洞、高应力岩层、瓦斯地层等复杂地质带施工技术，隧道专业施工能力稳居中建第一；桥梁工程方面，在大跨径桥梁转体、大跨径悬臂连续梁施工、超大体量桥梁移动模架施工及空腹式三角区大跨度桥梁施工等具有较强的技术优势。

在海外业务领域：20世纪80年代走出海外，开拓海外市场30多年，目前已在30个国家完成市场布点，其中与中建集团及所属海外机构合作布点的国家18个，以五局名义布点的国家12个，16个国别项目落地。建设新加坡地铁隧道、乌干达73km公路、科特迪瓦阿比让四桥项目、阿尔及利亚TIPAZA工程、南北高速、刚果（布）国家1号公路、巴基斯坦PKM56KM、孟加拉中孟友谊展览馆经援项目、埃及CBD行政新首都项目、印度OPPO制造中心、印度孟买塔那住宅THE ICON项目、马来西亚HENNA住宅工程等项目。

基础设施业务发展历程

近年来，在中建集团战略引领下，中国建筑五局基础设施业务取得较大突破，提前实现"千亿五局，两个排头"的"十三五"总体规划目标，基建资质、规模、专业技术、资源设备、人才储备等充分发展，一大批高、大、精、尖基建项目顺利实施，基建行业品牌逐步巩固，助推企业转型升级。

1. 基建业务基本情况

（1）战略定位

局"十三五"规划总体目标为"千亿五局，两个排头"，即："十三五"末，全局营业收入超千亿元，争当中建集团基础设施业务与海外业务排头兵；结构优化目标为房屋建筑、基建业务、地产开发与投资业务规模占比"541"。2017年，基建营收占比40%，提前完成局"十三五"基建业务结构优化目标。基础设施业务以"抢滩管理前沿，勇立行业潮头"的姿态，朝着"三个始终"目标努力，即始终站在行业管理前沿、始终保持技术领先地位、始终掌握市场高端资源。

（2）基建资质

五局基建业务具备市政公用工程施工总承包特级、公路工程施工总承包特级"双特"资质，取得市政设计行业甲级资质、公路设计行业甲级资质，机电安装工程施工总承包壹级，桥梁工程专业承包壹级，隧道工程专业承包壹级，公路路基工程专业承包壹级，钢结构工程专业承包壹级等资质。

（3）指标数据

中国建筑五局基础设施营业收入从15亿元到492亿元，从弱到强，全局基础设施合同额实现36倍增长，营业额实现32倍增长，整体呈现良性发展态势，见图14-1。

（4）人员结构

目前已形成基建万人管理团队，通过实施基础设施领军人才"千人视野计划"，组织领军人才选拔评审，分顾问专家、首席专家、局专家、骨干人才4个层级，隧道、桥梁、地铁、盾构、试验等专业，形成200人的基础设施领军人才队伍。通过整合内外部专家资源，建立基础设施专家库，推行"专家治理"，破解技术难题，形成了与规模匹配的专业人才梯队。

中建五局"十五"以来基础设施业务增长曲线图

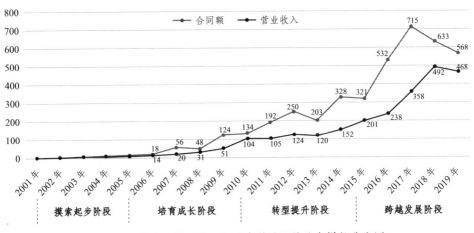

图 14-1 中建五局"十五"以来基础设施业务增长曲线图

（5）品牌形象

中国建筑五局基础设施业务以"中建排头"的姿态，朝着"行业领先"目标奋进，通过社会平台充分展现其发展成果、管理经验和履约能力，赢得良好社会声誉。长沙南站等项目受到国家领导人检阅并获得肯定；雀儿山隧道项目八上央视并在人民大会堂作典型事迹发言；2016年承办中国地铁绿色建造发展论坛，亮相中国国际轨道交通博览会，受到各大媒体深度报道；2017年承办中国建筑项目管理论坛、中国建筑基础设施业务发展推进会等活动，在中建集团内外交流五局基建业务经验；2018年先后多次迎接中建集团内外多家兄弟单位交流；2019年，中非经贸博览会在长沙成功召开，展示刚果布一号高速公路、阿尔及利亚南北高速公路等海外基建项目建设成果。近年来，中国建筑五局基建业务在行业内享有较高美誉。

2. 基建业务专业发展情况

五局坚持走专业化道路，高度重视专项施工技术能力提升，打造基础设施业务品牌与专业核心竞争力。

（1）公路工程

作为五局传统施工强项，累计施工总里程近1800km，目前在建600km。刚果（布）国家1号公路一期工程，获2018～2019年度国家优质工程奖；阿尔及利亚南北高速TIPAZA公路项目，获评境外鲁班奖工程，是中国建筑海外基础设施首个鲁班奖。

（2）铁路工程

近年来，承建哈大、石武、郑万、渝黔、海西、武黄、潍莱铁路等23个铁路工程，累计施工总里程433km，目前在建89km。其中，哈大客运专线是世界上严寒地带第一条铁路客运专线；蒙西至华中地区运煤铁路是国内最长运煤专线。

（3）市政工程：城市轨道交通

承建深圳地铁、南宁地铁、徐州地铁、长沙地铁、重庆地铁等城市轨道交通26条线（62个项目），施工总里程单线240km，其中在建120km。

深圳地铁9号线攻克"深圳地铁第一难"——人民南站，享有"干好人民南，走遍天下都不难"之美誉；长沙地铁4号线提前一年正式载客试运营，开创湖南地铁建设"先河"，创造国内核心城区地铁建设履约新速度；长沙地铁5号线"当年开工、当年始发"，刷新了长沙地铁建设速度新纪录；徐州地铁1号线2019年9月通车，攻克"江苏最难、全国罕见"彭城广场站，解决了地铁施工领域"第一大基坑"的超级难题，刷新国内超大超深地铁施工多项纪录；中建集团首个海外地铁——新加坡地铁715项目，2019年盾构始发，是中建集团首个海外自带大型设备（两台盾构机）施工的项目。

（4）综合管廊

成功落地长沙、西安、南宁、大理、海东等城市大型管廊项目40个，累计施工总里程近300km，目前在建117km。

长沙市地下综合管廊项目，财政部、住房城乡建设部首批10个管廊试点城市之一，2016年入选财政部十大"PPP项目示范案例"，2017年入选住房城乡建设部"管廊施工技术案例"和财政部"PPP改革创新之路"国家示范项目；

青海省海东市地下综合管廊项目，为财政部、住房城乡建设部联合组织的全国第二批地下综合管廊试点项目，2019 年 2 月被住房城乡建设部列入全国综合管廊十大优秀案例。

（5）水务环保

承建赣江井冈山航电枢纽工程 PPP 项目、南明河水环境综合整治项目、大理洱海环湖截污 PPP 项目、南宁市水塘江综合整治工程 PPP 项目等水务环保工程 126 个，累计合同额 360 亿元。

（6）隧道工程

五局在长大隧道、复杂地质条件隧道等施工领域有较强的施工能力，承接隧道工程项目近 100 座，累计施工总里程超 300km（单洞），其中在建 150km（单洞）。

重庆轨道交通 1 号线中梁山隧道，是目前国内最长的城市山岭隧道；317 线四川雀儿山隧道，是世界第一座海拔在 4300m 以上的超特长公路隧道，八上央视，在《超级工程Ⅲ》《厉害了，我的国》《砥砺奋进的五年·重大工程》等栏目中播出，项目先进事迹在人民大会堂作典型交流，荣获国际隧道工程领域"奥斯卡"奖项——2018 年 ITA 度工程大奖；渝黔铁路隧道群总长超过 20km；郑万铁路隧道群总长超过 30km。

（7）桥梁工程

承建以青岛海湾大桥连接线、纳黔高速金榜特大桥、重庆武隆县土坎乌江大桥、贵州仁怀盐津河二桥、合肥市南淝河大桥、南宁友谊 - 白沙立交桥为代表的水上桥梁和城市立交桥项目近 200 座，累计施工总里程超 500km，其中在建 220km。

重庆市江北区五里店立交工程，四层立交，五路互通，被誉为西南最复杂的立交桥；鄂州吴楚大道五四湖特大桥，首创 4400t 上行式移动模架施工，是目前国内采用整体移动模架施工的最大体量桥梁；重庆二横线礼嘉嘉陵江大桥，国内首座上承式梁拱组合预应力混凝土刚构桥，空腹式三角区长度国内第一。

3. 基建业务实施措施

（1）顶层设计做优

一是实施产业联动战略。坚持"产业联动、投资牵引，专业支撑、做深做透，固本强基、重在提质，创新驱动、持续发展"32字方针，发挥投资对加快基础设施业务发展的引擎作用，明确投资拉动"造"项目比例应达到60%，公招市场"拿"项目比例达到40%。坚持传统要素驱动的同时，积极切入投资建设驱动和模式创新驱动，实现了从"找"项目到"造"项目的根本转变。

二是调整业务发展格局。构建成型"三足鼎立、三大纵队"基建业务阵营，土木、隧道、阿国公司等3个基础设施专业公司为第一纵队，其基建业务占比100%；三公司、广东、山东、河南、总承包公司等五大基础设施正规军加大结构优化力度为第二纵队，其基建业务占比朝着30%努力；其他局属二级单位为第三纵队，其基建业务占比朝着10%努力。

三是优化业务部门职能。2016年，按照专业引领、业务管控、服务协调和监督指导的原则，加强基础设施事业部的职能建设，设置9部1室，在局业务管控层面实现基建板块内的管理交圈与闭合。2020年，优化为5部1室2中心，局检测中心纳入局基础设施事业部管理。此外，局基础设施事业部是局对工程指挥部的归口管理部门，负责各工程指挥部从设立、运营到销号的全过程闭环管理。在优化局总部管控的同时，在具备条件的二级单位配置分管基建业务的副总经理，设置专门的基础设施部，专业人员配备到位。

四是大力推进织网行动。在市场营销上，通过加强营销体系建设，系统编制好组织网、信息网、资源网、目标网、责任网、考核网等六张网。针对投资区域、重点业主、重点业务，做好组织体系全覆盖、领导分工全覆盖、信息收集全覆盖、资源维护全覆盖、指标体系全覆盖、责任考核全覆盖。

（2）资源配置做强

一是打造专业人才队伍。按照"三个一批"的原则，即"高校招聘一批、社会引进一批、内部调剂一批"，满足基建业务发展需要，"十三五"末全局基建业务员工总数达到 1 万人左右。2017 年启动基础设施领军人才"千人视野计划",通过常态推行评审选拔、导师计划、专家讲堂、分级培训、专家治理、专业课程与实用型研究课题开发等举措,打造专业人才序列,预计 3～5 年实现领军人才千人团队。

二是培育核心劳务资源。全局劳务分包商履约情况定期考核,优选业绩优秀、能力强、信誉好的劳务分包商进行重点培育,局层面统一发布核心劳务培育清单,在使用过程中坚持"五同原则",引导各单位合理选用,更好地培育并激励劳务向优发展,提高项目综合履约能力。

三是加大专业设备投入。按照"常规设备按需配置、核心设备适当配置、尖端设备少量配置"的原则购置设备。目前,五局自有大型设备盾构机 24 台、TBM 硬岩掘进机 4 台、悬臂掘进机 5 台、全电脑三臂凿岩台车 4 台、日本矿岩 180 钻注一体机、博尔克机器人等大型装备,配套形成国内一流的隧道机械化多条生产线。

(3)项目管理做精

一是坚持总承包管理深化。通过大量管理实践,五局逐步构建形成"1239"总承包卓越管理体系。"十二字管理方针"指精准、高效、均衡、创新、考核、兑现;"三大管理目标"指优质履约、均衡生产、创优创效;"九条管理路径"指策划先行、党建聚力、标化引领、资源统筹、供方遴选、协调服务、成本预控、制度约束、绩效考核,助推企业管理品牌。

二是坚持项目分级管控。主要包括"四个分级":

1)项目策划分级实施。合同额超过 10 亿元、实施难度大或风险高的项目,局级策划;合同额 5 亿～10 亿元、一般难度和风险的项目,公司级策划;合同额不超过 5 亿元、一般难度和风险的项目,分公司级策划。

2)安全风险分级管控。一级风险项目,局重点监督,二级单位每月开展不少于 2 次综合安全检查;二级风险项目,局协助管控,二级单位每月开展不少于 1 次综合安全检查;三级风险项目,局季度抽查,二级单位负责管控,每两月开展不少于 1 次综合安全检查。

3）项目履约分级督导。一级督导项目，局重点督导，每月根据项目情况现场督导并通报情况，各公司每月督导不少于1次；二级督导项目，局协助督导，重点关注项目主要节点和产值，每季度通报完成情况，各公司每季度督导不少于2次；三级督导项目，局监督管理，重点关注项目产值完成情况，各公司每半年督导不少于3次。

4）工程质量分级监管。主要内容包括：体系建设与体系运行、实测实量实施检查；重点工程、重要结构物的混凝土强度实施抽检；重点项目的试验、测量实施专项检查和通报；质量事故实施调查与确定处理方案、事故处理与责任追究。

三是坚持标化管理落地。局发布基础设施标准化丛书"九书一册"，即：《基础设施项目施工管理手册》《基础设施项目管理制度编制指南》《基础设施项目临建工程标准化指南》《道路工程作业指导书》《桥梁工程作业指导书》《地下工程作业指导书》《桥梁工程施工标准化图集》《道路工程施工标准化图集》《地下工程施工标准化图集》《基础设施项目安全标准化图集》。打造区域标准化示范项目，组织标准化观摩与考核评比，力推基础设施项目标准化前置，局下沉一线组织标化落地，新开项目上场即成立标准化工作小组，第一时间组织标准化交底，专人全程参与项目现场标准化策划并督导实施到位。

四是坚持精细管理升级。有序推进"1+5"智慧工地建造体系建设，这是一个以进度为主线、以成本为核心、以项目为主体，多方协同、多级联动、管理预控、整合高效的智能化生产经营管控平台，通过更准确及时的数据采集、更智能的数据分析、更智慧的综合预测，实现项目管理数字化、系统化、智能化，保障工程质量、安全、进度、成本目标顺利实现。主要包括1个平台、5大模块。"1个平台"指中国建筑五局基础设施智慧工地建造管理平台，"5大模块"指内控管理、生产管控、监测预警、BIM应用、智慧党建。智慧工地建造管理平台如图14-2所示。

图 14-2　智慧工地建造管理平台

主要经验成果

1. 基建规模优势

目前，中国建筑五局基建业务已达到专业工程局中等规模，专业管理人员近万人。基建营业收入近 500 亿元，营业收入占比稳定在 30% 以上。

2. 专业技术优势

五局基建业务已具备较强的专业施工优势：公路工程是传统施工强项，隧道工程、轨道交通、综合管廊专业施工能力稳居中建第一，桥梁单跨长度不断刷新中建记录，高速铁路掌握世界最先进的核心施工技术。具体表现在：

隧道工程方面，掌握穿越浅埋偏压、高压富水溶洞、高应力岩层、瓦斯地层等复杂地质带施工技术，破解高寒、高温、超深、特大断面隧道施工技术难题。

轨道交通工程方面，掌握复杂地质和敏感周边环境、超深大断面暗挖车站施工，穿越敏感建筑物、河流、复杂地层以及上下重叠小净距盾构隧道施工技术，达到国际领先水平，可同时进行 30 台盾构作业施工。

桥梁工程方面，掌握大跨径桥梁转体、大跨径悬臂连续梁施工、超大体量桥梁移动模架施工、空腹式三角区大跨度桥梁施工技术。

铁路工程方面，熟练掌握 CRTS Ⅰ 型、CRTS Ⅱ 型、CRTS Ⅲ 型板式无砟轨道施工技术。

3. 管理体系优势

（1）施工总承包管理体系。中国建筑五局基础设施"1239"总承包卓越管理体系运用于实践，在长沙地铁 4、5、6 号线，重庆地铁 9 号线、5 号线北延线等项目实施，管理成果正逐步形成行业引领，在业界树立了企业品牌形象。

（2）标准化管理体系。目前已形成"1 本手册、2 本指南、3 本指导书、4 本图集"的"九书一册"基础设施标准化丛书。实现装备配套标准化：根据装备化程度实施三级配套，推进地下工程装备一体化施工，打造地铁、盾构和隧道矿山法施工核心竞争力；盾构施工推行"五个标准化"：即盾构施工临建标准化、风险预控工作标准化、人员配置标准化、盾构掘进流程标准化、盾构施工过程管控标准化。目前，五局基建项目标化管理在行业内具有一定影响力。

（3）项目分级管控体系。落实"项目策划分级实施、安全风险分级管控、项目履约分级督导、工程质量分级监管"四个分级管控，局层面下沉一线，按照分级督导原则，深入现场帮扶督导重难点项目履约问题，一大批项目履约问题及时得到有效解决，项目均衡施工品质显著提升，实现了业主满意度与项目效益双丰收。

（4）智慧工地建造体系。五局基建业务瞩目管理前沿，有序推进"1+5"智慧工地建造体系建设。2017 年 2 月立项《工程项目建造信息云平台应用模型及标准研究》课题；2018 年 5 月开展智慧工地试点研究；2019 年 7 月构建具有自主知识产权的基础设施智慧工地建造管理平台；2020 年取得《智慧工地管理平台 V1.0》与《生产进度管理系统 V1.0》软件著作权，发布基础设施智慧工地建造管理平台 V1.0 版，并在 13 个项目开展工程智慧工地平台数字化管理试点应用。

（5）领军人才培养体系。实施基础设施领军人才"千人视野计划"，2017年至今，已组织 2 次领军人才选拔评审，分顾问专家、首席专家、局专家、骨干人才 4 个层级，隧道、桥梁、地铁、盾构、试验等专业，正形成近 200 人的基础设施领军人才队伍。通过整合内外部专家资源，建立基础设施专家库，推行"专家治理"，着力解决现场及管理难题，深化专家体系建设与专业人才培养。

基础设施业务展望

新时代，中国建筑五局站在"两个百年"奋斗目标的历史交汇期，即将开启全面建成社会主义现代化强国的新征程，承载着中国建筑"一创五强"的使命（即：以创建具有全球竞争力的世界一流企业为牵引，致力成为价值创造力强、国际竞争力强、行业引领力强、品牌影响力强、文化软实力强的世界一流企业集团），要科学制定战略规划，坚守战略定力，坚持协同发展打好"升级战"，推进企业高质量发展。

发展目标不仅是量的提升，更重要的是质的飞跃，除了企业各项指标的"量变"，更要坚持以高质量发展为中心，实现企业发展的"质变"，向聚焦价值创造的"全新五局"跨越升级，即：向"科研能力更强、设计能力更优、信息化应用更深"的"数字五局"升级；向投资商、建造商、运营商"三商一体、品质一流"的"品质五局"升级；向"员工收入更高、幸福指数更高、社会贡献更高"的"幸福五局"升级。

推进高质量发展，必须要成为行业价值创造的领军企业，要追求价值创造的长期性与稳定性，要引导员工树立正确的价值观。五局的价值创造力主要体现在为客户方、股东方、员工方、合作方、社会方等利益相关者创造可持续的、高附加值的、最优价值的能力上，实现互惠互赢；体现在主要经济指标及经济增加值、资本收益率、净资产收益率等关键指标位居行业前列；体现在企业的成长性、盈利能力、科研能力、品牌影响力、员工收入水平以及持续、健康、科学发展能力位居行业前列。

对于基建业务而言，既要成为价值创造的主力军，更要主动承担国企改革的责任与使命，要积极应对未来发展模式变革。我们知道，随着云计算、大数据、物联网、人工智能、移动互联网技术的兴起，建筑施工企业的生产方式与管理模式发生重大变革，现如今已经进入信息化、数字化管理时期。数字化管理是以信息化带动工业化、实现企业现代化的过程，我们要将现代信息技术与先进的企业管理理念相融合，转变企业生产方式、经营方式、业务流程、管理方式和组织方式，理顺管理关系，优化管理机制，预控管理风险，提升企业经营水平，增强核心竞争力。因此，我们在思考未来发展的"道"与"术"时，必然要把数字化转型作为题中之意，高度重视数字化建设，实现数据纵向打通、横向共享，推动企业从制度管理、流程管理向数字化管理转型，以适应时代发展诉求、国家政策要求以及企业自身高质量发展需求。

结合建筑行业特性、基建业务特点以及信息化发展趋势，可以预见，未来建筑施工企业数字化管理战略将成为企业发展方向与动力源泉，我们要洞见大数据时代发展趋势，推动思维、管理和工具的变革，实现产品、服务的价值优化，用数字化转型驱动产业升级，最终实现集团管控集约化、业务管控高效化、资源配置精细化、生态协同平台化的"四化"目标。五局将在这些方面积极探索，敢为人先，向智能建造、智慧管理、专业化发展迈出更加坚定的步伐。

15 案例
项目履约管理实践

本案例介绍长沙地铁 5 号线工程，该工程采用"施工总承包"模式组织建设施工，项目施工推进施工总承包"1239"卓越管理体系，实现项目均衡施工、完美履约，取得了地铁品牌实践经验，值得借鉴推广。

项目简介
项目管理体系
主要管理经验
项目实施成果
展望

工程履约
Contract Performance Management
of Construction Enterprises

项目简介

长沙市轨道交通 5 号线一期工程呈南北走向，南起雨花区时代阳光大道，北至长沙县蟠龙路，全线沿万家丽路敷设，线路全长 22.5km，设站 18 座，均为地下车站，其中换乘站 7 座。设置土桥车辆段，主变电所 2 座，与 1、2、3、4 号线共享杜花路控制中心。

中建股份承建的长沙市轨道交通 5 号线一期工程二标段项目，从万家丽广场站（含）—水渡河站及车辆段出入段线，标段包含 8 座车站、8 个区间及 1 个出入线段，设 6 个工区项目，工程造价约 24.99 亿元。

项目管理体系

1. 项目组织机构

（1）总承包项目部组织机构

2015 年，由中建五局层面成立总承包项目经理部，代表中建股份履行施工总承包管理职能。下辖 2 个工程局的 6 个项目部，其中第二、三、四、五、六项目部由五局承建，第一项目部由四局承建。

项目设总承包项目经理部和工区项目经理部两级管理机构。

总承包项目经理部按照精准、高效、均衡、创新、考核、兑现的施工总承包管理方针，全面履行项目管理职责，建立健全体系。负责项目的全面生产经营工作，项目班子配 6 人，分别为指挥长、党委书记、总工程师、总经济师、总会计师、安全总监各 1 人；下设六部，分别为工程管理部、技术质量部、安全环保部、商务合约部、财务资金部、综合管理部。

总承包项目经理部组织机构关系详见图 15-1。

履约管理
Performance Management

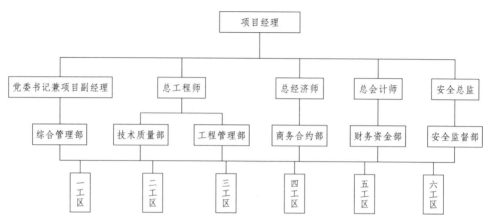

图 15-1　总承包项目经理部组织机构图

（2）工区项目部组织机构

项目部负责本区段的生产经营工作，根据施工内容将项目划分为 6 工区项目部，各工区项目部班子配 6 个人，分别为工区项目经理、总工程师、生产经理、商务经理、协调经理及安全总监；下设六部一室，分别为工程管理部、技术质量部、安全环保部、商务合约部、财务资金部、物资设备部及综合办公室。

各工区项目部组织机构关系详见图 15-2。

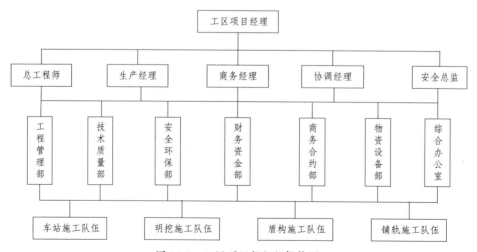

图 15-2　工区项目部组织机构图

230

15 案例

项目履约管理实践

2. 项目考核体系

为加强长沙地铁 5 号线二标综合管理，实现工程建设的各项管理目标，总承包项目经理部根据施工合同及有关规范、标准、文件要求等制定项目综合考核办法。考核以季度为时间段，采取日常、月度考核相结合的方式进行，每月定时对参建的工区项目部进行全面检查、考核；每季度由总包项目经理部考评领导小组根据各线条每月度评分结果，按每月所占比例、各线条所占权重计分。

（1）考核办法动态更新。根据工程进展情况实施动态更新，在线条占比情况上、考核方式上分阶段调整，先后修订了两个版本。在线条占比上，第一版和第二版分别在进度管理、安全环保和技术质量权重占比上做了调整；方式上根据工程进展对主体工程和附属工程分别考评。

（2）每季度绩效考核兑现。每月进行检查并评分，每季度综合当季三个月的考核得分权重（权重按 30%、30%、40%）算出综合评分。奖罚根据每个季度综合考核得分结果进行，具体规定为：

各工区项目经理部季度综合考评得分达到 85 分（含 85 分）的，无论排名先后均不予处罚；

各工区项目经理部季度综合考评得分低于 70 分（含 70 分）的，无论排名先后均给予 20 万元处罚。

各工区项目经理部综合考评得分第一名且大于 70 分以上奖励 30 万元；综合考评得分第二名且大于 70 分以上奖励 10 万元；综合考评得分倒数第一名罚款 20 万元，但倒数第一名综合得分在 70 分以下时，不重复处罚。

（3）通过考核，积极鼓励各业务线条工作。综合考核因受工程进度等硬性指标的影响，易导致总体评分靠后但业务线条工作优秀者得不到公正认可。针对此情况，总包项目经理部单独对参与检查的各工区业务线条工作进行计分考核，并对排名前三的业务线条进行表彰奖励，通过线条竞争，全面调动了积极性，也助力了线条人才的培养。

3. 项目管理体系

按照局项目管理的目标责任书要求，总承包项目经理部确定了"优质履约、均衡生产、创优创效的具体目标"

（1）征拆协调管理

征拆协调管理方针为：协调服务分层对接，上下联动，左右互动。分层对接具体措施就是总承包项目经理部对接政府、业主等单位高层领导，工区项目部对接政府、业主等相关单位高层以下人员，双方各司其职；上下联动具体措施就是总承包项目经理部自上而下，项目自下而上，上下结合、统一行动，合力解决难点问题。左右互动具体措施就是与相关单位互动，资源共享，合力解决共性问题。见图 15-3。

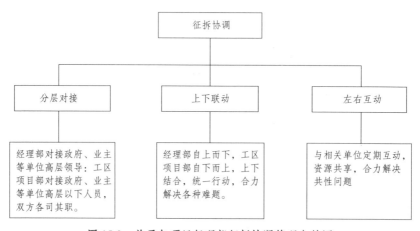

图 15-3　总承包项目经理部征拆协调管理方针图

（2）工程进度管理

工程管理方针为：均衡生产、节点考核。抓计划、早预警、控节点、严考核。抓计划以"编制审核、对比分析、优化调整"为主要内容。为确保工期管控过程中的偏差得到及时的纠正，防止进度进一步滞后，提早进行节点预警与月度计划预警。节点分为关键节点、重要节点、考评节点，控节点与早预警相结合，结合预警情况，通过采取"整改、通报和约谈"分级管控节点。为保证制度、措施的有效性，总承包项目经理部重兑现，依据月度考评、节点考核、劳动竞赛结果，落实奖罚，确保项目进度履约。见图 15-4。

15 案例

项目履约管理实践

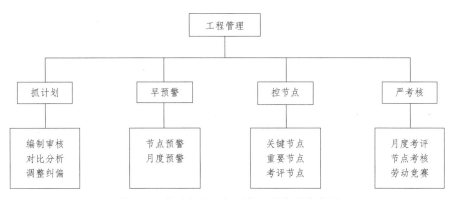

图 15-4　总承包项目经理部工程管理方针图

（3）技术管理

技术管理方针为：策划先行、技术创效、优方案、抓重点、解难题。重策划是通过编制策划，优化工程筹划，优化初步设计，明晰标化建设、施工组织、变更创效及资金运用等工作思路；优方案是通过方案比选与现场校核相互验证达到最终优化目的；抓重点是指抓混凝土防渗漏技术保证措施，盾构科学管理及交叉施工合理组织协调工作；解难题是指技术上要提前进行地质处理，化解风险，实施过程要通过技术手段及时处置风险，预防次生灾害，最后做好整改达到工程闭合的目的。见图 15-5。

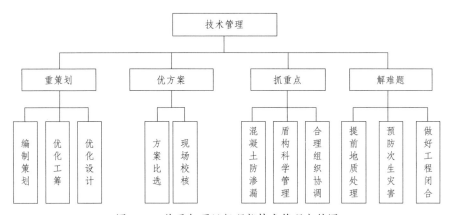

图 15-5　总承包项目经理部技术管理方针图

（4）质量管理

技术管理方针为：优质履约、标化引领，树样板、统标准、严把控。通过首件验收与样板引路达到树样板的目的，通过资料模板化，工艺标准化统一质量标准。严把控是指通过源头控制、过程控制、结果控制三个环节控制严格质量管理。见图15-6。

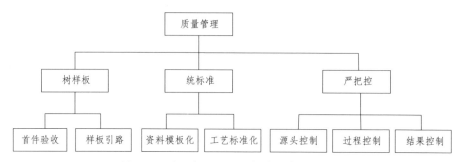

图15-6　总承包项目经理部质量管理方针图

（5）科技、信息化管理

科技与信息化管理方针是：科技创新创效，深度融合，服务现场。科技管理的重点内容是通过科技创新来服务现场，最终达到降本增效、创优创奖、打造精品工程的目的。信息化管理是通过多方协同，远程监控，风险预警等手段，为施工现场服务。见图15-7。

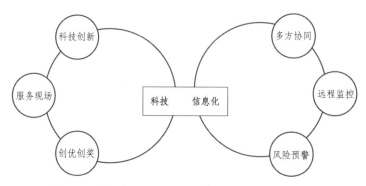

图15-7　总承包项目经理部科技与信息化管理方针图

（6）安全环保管理

安全环保管理方针为：风险预控,标化管理,构体系、创标化、防风险、控过程。通过编制、更新、完善管理办法与规章制度来构建安全管理、环保管理体系,创标化就是要定标准,再固化统一,风险防控主要是通过采取编预案、建队伍、搞演练、强监控4个手段达到防控目的,控过程是指常检查、抓隐患整改落实。见图15-8。

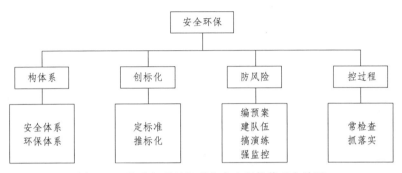

图15-8　总承包项目经理部安全环保管理方针图

（7）商务管理

商务管理方针为：成本预控,制度约束,重创效、控主材、晒成本、早预警。重创效就是重视重大设计变更,进行统一协调与帮扶,全过程跟踪。控主材就是发挥集团规模采购优势,对主材进行统一招标采购,降低大宗材料采购费用。晒成本就是要对成本管控进行总结、改进、提炼和推广,提高项目部成本管理水平。早预警就是及时把可能存在的合同风险进行提示,将商务风险降低。见图15-9。

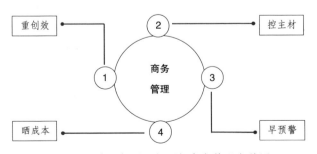

图15-9　总承包项目经理部商务管理方针图

（8）财务管理

财务管理方针为:党建聚力，培育人才，抓预算、重统筹、控费用、盯终端。抓预算主要通过编制资金策划控制费用预算；重统筹就是要通过争取政策节税，发挥优势减税来应对营改增；费用通过制定控制标准，定期对比分析来控制；盯终端主要指资金管控到项目，工资发放到个人。见图 15-10。

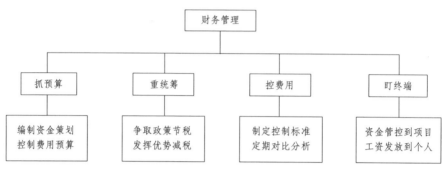

图 15-10 总承包项目经理部财务管理方针图

（9）党群管理

党群管理方针为:建组织、搞活动、树形象、亮品牌、出人才。首先建组织就是要健全体系，完善党委、工会、团委组织机构；通过搞活动凝聚力量，营造氛围；借助广泛新颖的宣传手段，树立中建形象；通过联创联建，持续扩大品牌效益；管理提升，素质提升后，最后就是要打造典型，培养和输出人才。见图 15-11。

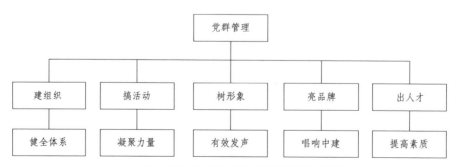

图 15-11 总承包项目经理部党群管理方针图

4. 项目整体筹划

项目自进场开始，总承包项目经理部即邀请各级专家出谋划策，集思广益共同确定项目管理目标、管理思路并建章立制，同时集齐各工区项目部及外部力量，组织完成总体工筹编制、安全质量风险源辨识及现场形象标准统一等方面策划工作。

（1）总体工筹：组织进行详细且深入的实地调查，明确征拆、疏解及管线迁改复杂程度，同时结合设计工法、水文地质情况确定车站主体结构施工难易程度，再行考虑盾构及铺轨施工可行性，综合比选资源投入数量、工期目标、经济指标等一系列因素并最终确定总体工筹。为规避征拆迁改及外部土建单位提供条件不及时等不可控风险，项目经理部提前筹划，通过采取与设计沟通将土桥站南端材料吊装井变更成预留盾构始发井，督促工区提前工筹节点要求提供水渡河站北端盾构始发条件，酌情考虑延期封闭盾构井用作铺轨散铺基地等措施用以应对突发状况，保持整体工筹机动可塑性，确保整体工期可控。

（2）风险辨识：针对本工程存在的风险，总承包项目经理部进场后即组织第三方风险评估单位进行风险评估，并组织专家进行评审，共辨识出风险215处，其中一级风险30处，二级风险99处，三级及以下风险86处，通过提前商讨确定措施，项目在架空高压线、高架桥下低净空施工，盾构下穿浏阳河、西湖楼等风险源控制方面均处理得当，安全顺利完工。

（3）标准统一：制定《施工现场安全文明标准化图册》，推行防护、标识标牌、临电、门禁系统及材料堆码"五个统一"，同时组织推广BIM技术进行现场临建布局，逐站组织专家评审，在保证临建标准统一的同时因地制宜，确保施工现场统一化、规范化、标准化，打造良好的作业环境，并尽可能保证后续施工的便利性。

主要管理经验

1. 快速反应、精准策划、做好顶层设计

项目前期，由于巨大的工程体量、众多的实施主体，施工条件复杂，项目快速反应，多次邀请中建集团和局领导参与前期顶层设计工作，结合招标文件、合同文件、重大变更洽商、业主及相关方的要求以及工程特点等信息，确立了项目管理目标和管理方针等基础架构，并形成了高效的项目整体管控机制。

（1）明确目标、指引方向

1）明确总体目标，指明努力方向。项目根据长沙地铁市场的激烈竞争局面，及局在地铁市场的话语权现状，结合局对项目的定位，深入分析并充分研讨，迅速确定了"快速反应、敏捷应对，一流管理、争创标杆"的管理目标和"超前谋划、精准施策，均衡推进、敏捷高效"的管理方针，以及"精品地铁、安全地铁、绿色地铁、廉洁地铁"的管理品质。宏观目标的确定，为下一步工作的全面开展指明了正确方向。

2）固化分项目标，量化考核指标。在总体目标的指引下，总承包项目部依据行业现状及自身现有资源，进一步将总体目标细分到安全、质量、工期、创效、资金管理、科技进步及党群文化7大类分项目标并建立履约问题库。做到分项目标的设定科学合理，分项目标指标具体量化，实行分级督导。

（2）超前谋划、明晰思路

1）策划先行。为做好策划工作，总承包项目经理部采用两级策划方式。第一级：总承包项目经理部邀请局领导及外部知名专家到场指导，编制全线（标段）的项目策划书，经组织论证通过后用以指导总承包施工管理；第二级：由总承包部联合各工区后方公司带领各工区项目部踏勘现场、研讨工期、分析重点难点、分析创效、统筹资金，再依据总承包经理部的项目策划书编制各工区项目实施计划书，各后方公司根据工区项目实施计划以及公司自有资源情况编制工区项目策划书。进一步明晰了标化建设、施工组织、成本创效及资金运用等工作思路。

2）技术引领。地铁施工，技术方案决定创效空间。鉴于项目存在复杂交通疏解条件下的深基坑开挖、高架桥正下方的车站开挖以及低净空下吊装作业等重大技术难题，项目因地制宜、化被动为主动，明确了"方案先行，以技术带动创效"的总体创效思路，并细化了多方案比选、提前介入沟通等实施路径，确保优选方案落地以支撑商务创效。

（3）建章立制、规范管理

1）建章立制，明确管理依据。总承包经理项目部根据中建集团及参建单位四局和五局不同的管理理念，结合地铁施工管理实际，编制了涵盖安全、质量、进度、商务等各线条管理的《长沙地铁 5 号线管理制度汇编》，以及其他 24 则管理办法和管理细则，为总承包项目经理部公平、公正、公开履行管理职能提供了充分的"法理"依据。

2）标化图集，明确实施标准。根据局标准化丛书对项目标准化管理及质量精细化管理，总承包项目经理部率先出台了《安全文明施工标准化管理图集》和《地铁车站施工质量精细化管理图集》，明确了现场临建设施、安全防护设施的实施标准及各工序的施工质量标准，进一步规范了现场管理。

2. 多措并举、攻坚克难、共促高效生产

因施工段沿万家丽高架桥延伸，又与多条管线主干道相交，不仅要克服高架桥的低净空施工压力，还需面对各类地下管网纵横交错、交通疏解转换多次实施的困难。全标段有 6 个车站位于高架桥东侧或局部站位于高架桥下，净高受限、便道狭窄，起重吊装安全风险大；有 3 个车站从负一层开始入岩，施工难度增大；加上盾构区间下穿西湖楼及浏阳河，特殊地质导致施工风险剧增。如何用管理高效牵引全局，使得整体工程生产趋于正常化，提高生产效率，达到优质履约，成为管控的重中之重。

（1）基建项目、协调先行

1）外部协调。面对复杂的项目基本情况，快速启动交通疏解、完成征拆、车站围挡封闭以及与各个参建单位之间的协调配合，尽可能地为均衡施工创造有利条件，实现协调促生产，成为当务之急。项目立即组织由党委书记担任组长，

各工区协调经理为组员组成的协调工作组，从"分层对接、上下联动、左右互动"三个方面整体推进外部协调工作。例如万家丽广场站位于万家丽高架桥正下方，周边小区多，人流密集，车流量大，地下管线情况复杂，并且万家丽广场站还是2号线和5号线的换乘站，也是万家丽高架快车道的回流区，交通疏解压力巨大，总承包项目经理部先后多次与政府、业主以及相关主权单位领导进行沟通对接，并定期与相关主权单位召开碰头会，制定疏导措施，快速开始进场作业的同时，也最大限度地减小了对周边居民出行的影响。

2）内部协调。由于地铁施工各专业间接口多、系统性强、差异性大，导致内部接口管理协调同样工作面广、工作难度大，需多方联络、沟通配合。总承包项目经理部在项目实施过程中提前筹划，超前介入，提前与设计沟通，明确各专业接口分界点和接口实施方，以及提前部署和控制时间节点；通过设置生产调度会制度定期协调项目各工区、各部门、各岗位、各分包和劳务的工作，做好内部梳理和协调管理工作。例如根据合同清单单价，沟通协调业主及设计改变附属结构施工工法；盾构及铺轨施工过程中更是由总承包经理挂帅成立协调小组，召开专题调度会明确中间工序完工及最终场地移交时间节点，各项节点落实到人，现场蹲守调度，确保各工区按期提供盾构及铺轨施工条件，各区段盾构及铺轨工程按期启动，均衡有序展开施工。

（2）定指标、严考核

1）精准计划，明确目标。遵循"精准、均衡"的理念，总承包项目经理部先后组织编制了9版《生产调度手册》，它不仅用以指导项目生产的总工筹，保证均衡施工，还和《进度管理办法》一起成为产值考核的"硬指标"。

2）深入把脉，重点管控。深入现场一线，通过白天及夜间巡查，掌握第一手施工动态；结合现场施工环境及地质情况，分析施工方案及设备选型可行性；根据现场进度指标推敲资源配置及工序安排组织合理性，并提供针对性意见。过程中坚持召开生产周例会及专题调度会，精准把脉，重点管控，确保各工区项目部配足生产资源，科学转换工序，最大限度地保障均衡施工。

3）五图绘制，一目了然。组织绘制直观的围护结构形象进度图、主体结构形象进度图、附属结构形象进度图、盾构施工形象进度图及铺轨施工形象进度图。

每天定时进行填涂更新，使工程进度一目了然，便于及时发现问题，及时纠偏。

4）提前预警，及时纠偏。进场作业前，由总承包项目经理部牵头组织各个工区，划分各节点工期以及单位工程工期，分析确定重点工程工期和关键线路节点工期，为强化项目生产计划管理，根据各关键节点工期建立"节点预警管理体系"，并根据进度滞后原因采取措施及时纠偏。

5）考核强化，监督兑现。在实际操作中，每半年对《调度手册》进行修订和更新，过程中积极推动业主、疏解单位进行交通疏解与管线改迁。认真执行进度管理"每日一汇报、每周一总结、每月一评比、每季一兑现"，奖优罚劣，季度考核中及时兑现，使各工区项目部深刻明白"落后就要挨打"的道理。坚持三级约谈制度，根据每周、每月、每季度工程滞后及存在问题的情况，分别约谈工区项目经理、分公司主管领导及公司主管领导。

（3）整合资源、均衡配置

1）统筹管理，紧盯重点。项目策划完成后，总承包项目经理部根据各工区项目施工组织资源筹备计划为基础统筹管理，重点考虑核心管理人员配置，重点结构物、工程周转材料、模具、机械设施和劳动力的合理调配，尤其对重难点和高风险点，针对性地进行资源配置，参与其物资、材料、劳务供方等资源引进，选择最优供方，实现重难点工点资源强配，为工程有序推进提供保障。

2）资源共享，提高效益。通过资源共享，整合总承包自身及各个工区项目的优秀人才资源，劳务资源，物资设备采购资源等，形成良好的资源保证体系，确保资源配置满足现场需求，提高项目综合效益。针对因个别车站提前入岩打乱盾构施工工筹，造成一工区盾构机进场后不具备始发条件，且后期仍需补增设备进场，而五工区虽具备施工条件但盾构机无法及时周转的事实，总承包项目经理部多次组织双方协调，并最终推动双方进行盾构机互换，合理利用时间差，在不增加设备投入的同时确保工期可控，资源共享实现双赢。

3. 技术引领、加强督导、助推质量管理新标杆

精品工程，质量为基。为实现质量上台阶，在技术质量的把控上，总承包项目经理部一直以"一流的品质"为行动标杆。

履约管理
Performance Management

（1）技术先行、制度约束

1）技术先行。施工图出图前加大与设计院的沟通，优化设计方案，以工程实践经验为前提，充分考虑现场各种条件，将施工意图纳入到施工设计图中，合理降低施工风险及难度；施工前，对技术方案进行有效地预先谋划和比选，优化施工组织及工艺，保证质量和安全的同时，减少工、料、机等施工资源的投入，最大限度地节约成本。

2）制度约束。在施工过程中，总承包项目经理部针对实际情况先后制定下发《关键工序环节验收制度》《地铁车站施工质量精细化管理图集》《施工方案管理办法》《技术交底管理办法》《工程测量管理办法》《地铁施工实验管理办法》等各项技术质量管理办法10余项，建立《方案编制总台账》并明确施工方案审批流程，逐月下发《月度施工技术方案编制计划》，逐周进行督促、检查与调整，确保方案编制可控，为项目技术质量管理打造了"法律基础""量刑依据""执法机制"。

（2）样板引路、统一标准

工程质量能否提高，首件工程是关键。总承包项目经理部紧盯各个工点的首件工程，编制《首件验收制度》，通过过程指导、严格验收，要求对于涉及结构质量、安全及使用功能的必须严格执行首件办法，主要分项工程的第一个检验批为首件验收的对象，确保使其做成样板工程；同时，通过在全线范围内选择最好的样板工程，以召开现场正、反面观摩交流会的形式，集思广益、精益求精，共同探讨样板工程的具体做法、创新亮点及不足之处，以共享经验，推广样板，整体提升全线质量水准。

（3）过程参与，加强督导

根据施工特点，总承包项目经理部从源头材料、关键过程、成品结果三个方面对施工质量制定巡查监督制度，发现问题，立即要求整改。通过对原材料的进场巡检，从源头减少不合格材料对工程质量的损害；通过对关键环节的过程巡查，发现不合格工程立即要求整改；通过成品结果的最后巡视，再次对工程感官质量、整体效果进行把关，确保质量得到有效管控。

1）强控主材质量，源头把控。总承包项目经理部牵头对甲控名单中盾构管片预埋滑槽厂家进行实地考察，推选优秀厂家并组织设计联络会，保证预埋滑槽质量可控。指派管理人员进行驻厂监造，确保盾构机建造质量和管片质量满足盾构施工要求，另外还对商品混凝土、防水卷材、橡胶减震垫、轨枕、疏散平台等主要材料也进行了实地考察和择优遴选。

2）坚持人员考核、品质把关。在正式工程施工前对各工区分站点进行钢筋电焊工、管片胶水涂刷工等关键岗位作业人员考核，邀请监理和业主做评委。对于合格者颁发考核合格证，不合格者进行清退出场或者换岗处理。

3）坚持产品实名制、信息管控。全面应用二维码信息化实名制管理，二维码内植入全过程施工照片和验收记录，做到产品质量管控具有可追溯性，要求各工区项目部总工程师亲自对重要工序实名制进行落实，统一对各工区车站施工缝凿毛工、防水卷材铺贴工、侧墙入模振捣工、盾构管片拼装工等关键工种建立实名制信息，淘汰关键岗位技能不符要求的工人，确保工程质量全面可控。

4）强控关键环节、滴水不漏。针对整个车站施工质量最薄弱的侧墙施工强控各个环节，从止水带、止水钢板搭接和清理到施工缝凿毛、清理、冲洗、工人入模振捣等层层把关，确保侧墙因质量管控不到位而出现不必要的渗漏现象。

5）全面落实三检、及时纠偏。全面推行落实三检制度，除日常巡查外，每周联合监理进行质量、试验周检，主要对标准养护室温湿度、混凝土试块制作情况、钢筋机械连接及焊接质量、施工缝凿毛、防水卷材铺设等重点部位进行检查，进行通报和相应处罚，并跟踪督导整改直至问题解决。

6）统筹测量管控，快速精确

测量工作是保证工程质量的关键性工作，在项目实施过程中，由总承包项目经理部牵头组织，坚持每年一次全线控制网测量复核、每月一次工区间交叉测量互检制度，坚持第一根桩、第一幅地下连续墙、第一段车站主体结构、盾构洞门钢环、联系测量等重点部位的测量工作上级单位复核制度，在主体工程向铺轨转序过程中，加大与第三方测量的协调力度，尽早出调线调坡图，实现测量的快速精确。

7）坚持专题专治、纠偏到位。总承包项目经理部针对现场存在车站主体结构、盾构施工的渗漏水质量问题，连续召开了车站质量专题会和盾构区间质量缺陷专题会以及专家咨询会，寻找解决重点质量问题的办法，优化施工方案，并结合项目自身管理及总承包项目经理部督查双重管理，确保质量纠偏到位。

8）坚持统一标准、提高效率。统一养护手段标准，全线侧墙及立柱均采用技术先进的高分子节水保湿养护膜，不但节约了养护所需的水资源和人力物力，而且混凝土同期强度对比传统土工布养护提高了20%～30%。统一规范各工区现场质量标准、资料表格和模板，获得质监站、城建档案馆及业主的肯定，且最大程度上规避了质量不达标、资料大返工的"风险"，为后续档案资料的迅速移交奠定了坚实的基础。

（4）坚持新技术，信息化应用

1）进行传统侧墙大模板施工侧墙技术改良，引进不锈钢贴面技术及侧墙三角支架钢管斜撑稳定系统，提高了混凝土整体质量；与时俱进，引进高新检测设备，对新型工具激光水平仪、水平震动尺等进行全标段推广，保证了混凝土结构可实现的平整度要求。陆续引进超声波成孔成槽检测仪、数显联网式混凝土回弹仪、激光测距仪等先进检测设备，更直接、更快捷地检测出围护结构成孔成槽质量、混凝土强度和车站净宽、净空，大大提高了质量人员的工作效率和工作准确度。

2）利用BIM技术对工程质量验收管理及资料关联，施工全过程进行管理现场发现的质量问题上传至平台，关联BIM模型，可以清晰地反映问题出现的位置，处理进展情况、验收情况等。并根据施工进度安排，合理划分检验批并匹配模型，实现过程验收资料与施工阶段BIM的有机关联。

3）利用可视化交底及二维码"扫一扫"等手段，进行全方位实时掌控现场管理和专业线条工作动态，提升内控水平。实行全程二维码管理，为一线效率提升、内部管控优化、领导决策支撑等提供了极大便利。

4. 安全管控、多措并举、引领安全文明新格局

安全管理工作是工程项目管理工作的重要基础，是保证施工过程中人、物的安全，是保证工程的正常实施不可或缺的关键部分。总承包项目经理部深知忽视安全抓生产是火中取栗，脱离安全求效益如水中捞月，根据现场实际情况以及过往安全管理经验，确定了多措并举的安全管理思路。

15 案例
项目履约管理实践

（1）制定规范

在进场初期编制《施工现场安全文明标准化图集》，且坚持召开安全例会，成功举办标准化推介会，此后被长沙市住建委、长沙市轨道集团引为模板，在其他线路上推广，起到标杆引领作用。

（2）组织学习

建立安全教育培训制度，制定培训计划，组织各工区安全管理人员开展教育培训，提高安全项目管理人员的专业知识水平和业务能力，工区设置安全宣讲台，组织作业人员每天进行班前安全宣讲活动，以提高作业人员安全意识。

（3）风险评估与控制

针对本工程存在的风险，组织第三方进行风险识别评估，组织专家对评估报告进行评审，按照评估结果的风险等级进行分级管控，真正做到提前预知风险等级、及时采取相应的应对措施，编制《质量安全事故综合应急预案》为基坑失稳、涌水涌泥等安全事故制定了应急措施；通过组建"两专一特"应急救援队伍并积极组织应急救援演练，提升了各项目应急疏散和自救能力，为备战险情积累了丰富的经验。

（4）严控过程

制定安全检查制度，通过年度"安全生产月"活动、月度"安全大检查"、每周"安全专项检查"、每天"安全日常巡查"等形式，培养总承包项目经理部及工区项目部"常检查、不松懈"的安全管控意识；通过制定"安全隐患整改流程"，对在检查中发现的安全隐患，要求工区项目部定人、定措施、定时间进行整改，对于规定时间内未整改到位的，总承包项目经理部通过罚款、约谈等逐步升级措施，紧盯问题，直至安全隐患消除。

（5）狠抓重点

盾构机正式下穿浏阳河、西湖楼、大直径输水管涵、加油站期间，严格执行领导值班值守制度。采用钳式数显式接地电阻测试仪检测各工区施工现场大型设备、设施防雷接地电阻与配电箱重复接地电阻值。对于大型设备安装、盾构机始发，推行总承包项目经理部、工区项目部、监理、业主、安监站五方联合验收。

（6）信息化覆盖

通过强化门禁系统实名制管理、远程监控系统、设置可视化信息馆、二维码及"智慧工地"等信息技术运用，随时随地掌握人员进出、现场施工、特种设备和技术交底等情况，有效防范了项目安全生产风险。利用"微信扫一扫平台"使工人随时能熟悉施工操作要点、重大危险源及安全注意事项要点，有效确保了工人的人身安全。尤其是轨道施工期间，引进了轨行区智能监控系统，建立了集车辆、作业人员、视频监控、远程调度、实时通信、数据收集与整理等多种功能于一体的综合智能管理平台，信息化指导轨行区施工，同时每周组织召开轨行区调度会，综合各方因素提前发布调度命令、行车计划等，避免交叉施工带来的风险，实现轨行区施工管理全过程零事故。信息化管理中心见图 15-12。

图 15-12　信息化管理中心

（7）文明施工标准化

通过编制《临建标准化图集》落实场地布置标准化、施工围挡标准化、CI 形象标准化等，以信息化辅助工具，提高工程管理信息化水平，打造"智慧工地"从而实现绿色建造、生态建造、智能建造，建设文明施工管理新格局，见图 15-13。

图 15-13　场地标准化建设

5. 主动作为、综合施策、把脉商务财务新诀窍

（1）把控编制

项目开工之初，便督促各部统一按局要求编制商务策划，并报总承包项目经理部和其上级单位审核，督促各工区项目部与上级单位签订项目管理责任书，确保成本管控有目标，成本管理责任落实到位。

（2）把控成本

将各项目部成本管理纳入月度考核指标，督促各工区项目部按要求每月进行成本统计分析，每月/每季召开成本分析会，按时办理分包结算，有效管控成本支出，总承包项目经理部在其中起到预警提示作用。

（3）审查把控

严格把控进场劳务分包单位的资格，各项目部申报拟参与招议标的劳务分包单位资质材料和业绩资料，总承包项目经理部审查后下发资格预审结果书，再由各工区项目部进行资格审查。

（4）统筹资源

通过总承包项目经理部统筹资源，发挥规模采购优势，统一组织大宗材料、主要劳务分包商等的采购，降低采购成本。统一牵头实施高端对接，牵头办理重大方案优化、重大设计变更、重大开源创效，提高创效效率、确保创效成果、降低创效成本。

（5）目标把控

制定创效目标，共同促进创效落实，将创效责任落实到人。

项目实施成果

在进度履约方面。5 号线二标项目自进场一直独占鳌头，形象进度超前，产值远超出业主预期。2016 年创造了长沙地铁"当年开工、当年始发、两站齐发"的新纪录，刷新了地铁建设新成绩。5 号线二标施工总承包管理的实践，充分展现了中建的"湘化"地域优势、卓越管理优势、集团作战优势、组织高效优势，在多方管理中，彰显了前瞻性和创造性，是工程得以顺利实施的强效保障。开工至竣工，5 号线二标上下一心、砥砺前行，顺利通过住房城乡建设部绿色施工科技示范工程验收，收获"全国建设工程项目施工安全生产标准化示范工地""湖南省安全生产标准化示范观摩工地"等国家级、省部级荣誉 20 余项。获业主年度信誉考评第一名，并多次获得业主年度"优秀项目经理部""优秀指挥长"荣誉，中建品牌得到进一步彰显。

在质量履约方面。长沙地铁 5 号线在业主的各参建单位中以标准化著称，获得"长沙市优质工程""湖南省建筑施工质量标准化示范工地"。多次组织中建南方投资公司、中建七局等中建内部单位观摩，以及西安、郑州、天津等多地轨道集团、长沙市城市建设投资开发集团等多个行业内单位观摩学习。此外，还吸引了意大利 Astaldi、土耳其 Ictas 公司的观摩团……短短五年，共接待了 70 余次累计近千人的观摩，得到了国内外业界人士高度赞扬。

在安全、环保履约方面。总承包项目经理部超前策划，建立安全保障体系，全标段制度化、常态化实施，实现了安全生产零事故的安全管理目标。引进了信息化中心、扬尘在线监测、喷雾降尘系统、二维码识别、手机云建造 APP、"智慧工地"等科技信息化管理手段。通过前期探索，进一步对安全生产标准化进行了完善与现场实践。先后获得"长沙市平安工地""长沙市绿色工地""湖南省级建筑工程施工安全标准化观摩工地""湖南省年度安全生产标准化考评优良工地""全国建设工程项目施工安全生产标准化工地（AAA）"等各类安全文明施工管理奖项。

在科技创新方面。项目累计形成国家专利 10 项、工法 7 项、科技论文 37 篇，并以此为基础汇编《优秀科技成果集》在各工区推广交流学习，制作地铁全过程施工可视化技术交底 20 项,荣获 2019 年"住建部绿色施工科技示范工程"和 2020 年"湖南省建筑业新技术应用示范工程"科技奖项。创新技术紧密结合现场实际工作,对现场质量控制起到保证性作用,提高了工效、节省了成本、规范了管理。

展望

　　智能建造是新形势下地铁工程建设发展的必然趋势,预制装配式地铁车站智能建造、全过程自动化监控量测、"人-机-料-环-法-检"智能建造协同管控与可视化远程控制系统、基于 BIM 的全过程数字化管控是我们项目管理后续应多加关注的方向;绿色建造是可持续发展战略、建设资源节约型环境友好型社会的必然选择,应进一步加强科学管理和研发投入,通过技术创新最大限度地节约资源、保护环境,解决盾构渣土资源化利用技术难题。

履约管理
Performance Management
参考文献

[1] 张秀德.安装工程施工技术及组织管理.中国电力出版社.2002年09月.

[2] 吴涛.工程项目管理研究与应用.中国建筑工业出版社.2004年.

[3] 陈传德.吴丽萍主编.施工企业经营管理（第二版）.人民交通出版社.2007年.

[4] 苏文生.浅谈工程建设管理模式的发展方向[J].石油化工设备技术.2009年03期.

[5] 李烨.浅谈工程建设项目管理组织模式[J].现代物业（中旬刊）.2020年03期.

[6] 方鄂赣.浅谈建设企业工程项目管理与过程控制[J].居舍.2020年23期.

[7] 苏席.浅议建设工程施工项目管理[J].四川水泥.2017年06期.

履约管理
Performance Management
后　记

后　记

抚今忆昔，每当回想在老东家工作时期，感慨万千，正是从这里学到很多的管理理念、原则和方法；初步知晓市场攻坚战略、科技兴企战略、管理效益战略、人事管理战略及内容；更是懂得"知道自己不该干什么比知道自己该干什么更伟大"的真理。

在竞争日趋激烈的建筑业市场，业主对工期、质量、安全、环保等要求越来越高，对建筑企业的履约管理能力提出了更高的要求。围绕建筑企业工程履约管理的理念、机制、谋划，从这三个层面去思考如何开展工作，对企业的管理是十分有必要的。理解这三个层面一些关键问题，十分有助于建筑企业进一步提高履约管理水平、防范履约风险，实现可持续发展、高质量发展。

如何应对企业低成本战略，去经营管理好项目？工程建设项目履约管理过程中，我深知从方案预控、成本预控是企业管理最为重要的法宝；要树立均衡生产、效益为先，胜负在工期、成败在质量的管理理念；要坚持项目决定企业命运定律、未战先胜定律；要知道技术入手、经济结束的管理理念的重要性。天道酬勤，十分耕耘一分收获。

2008年，到中国建筑第五工程局有限公司工作后，笔者通过对这些履约管理经验的运用、总结、提炼、升华，形成了一些新的系统性管理认知。与中国建筑五局的管理理念、原则和要求融合后，运用到项目履约管理实践中，总结、提炼成推进项目的四个策划、分级管控原则，制定了基础设施人才培养千人视野计划，形成了企业"九书一册"的标准化管理丛书，开展了项目智慧工地建造研究，搭建了信息化管理平台，使得项目的进度、安全、质量、效益可控，为项目优质履约奠定了基础，为企业的健康发展做出了一定的贡献。

由于组织安排，2020年起，笔者不再分管基础设施业务，有点时间后就想着为企业、为行业做点有意义的事，就形成了撰写此书的动力，与管理者分享笔者实践的管理经验。本书所述内容是基于笔者在企业工程建设项目履约管理和项目生产管理实践中的粗浅理解、基础设施项目管理的成果总结，是笔者近30年来职业生涯的切身体会与经验集成，同时，也是集团企业集体智慧的结晶，以此向基础设施业务建设者与管理者致敬。在编写过程中，引用了中国建筑集团和中国建筑第五工程局有限公司的一些管理成果，以及我的同事谭芝文、罗光财、熊立财、潘岸柳等同志做了大量幕后工作，一并表示感谢！

项目全面履约管理是建筑企业稳健发展的基础，企业履约能力提升是永恒的课题。本书成稿，既为初心，亦为使命。因时间仓促，一些观点难免疏漏或有不妥，敬请广大读者和管理专家雅正。

2020 年 10 月

邓尤东，教授级高级工程师，历任世界 500 强企业中国铁建、中国建筑旗下高管多年，对建筑企业管理、项目管理、信息化管理等有着丰富的实践经验和深厚的理论造诣。

《建筑企业工程总承包卓越管理》

◎首次提出工程总承包卓越管理理念，为中国施工企业打造世界一流企业指明了方向，提供了路径。

◎卓越管理，不光助力工程总承包管理升级，也助力施工企业变革升级、高质量发展。

◎本书搭建了工程总承包卓越管理体系，并提供了理念、方法、路径和案例。

《建筑企业数字化与项目智慧建造管理》

◎首次完整提供建筑企业数字化建设解决方案。

◎建筑企业数字化转型升级之道与实操。

◎项目智慧工地建造管理体系与运用。

《建筑企业商务与项目成本管理》

◎商务精细化管理与项目责任成本管理的成功之谈。

◎没有商务和成本管理，就没有建筑企业可持续发展。

◎本书提供低成本竞争、高质量管理的理念和方法。

《建筑企业标准化建设管理》

◎立足于建筑企业标准化建设的样本。

◎标准化建设如何落地？这本书说清楚了。

◎标准化建设是建筑企业管理必须迈过去的坎。

《建筑企业工程建设履约管理》

◎只有履约，才能实现可持续发展。

◎只有卓有成效的履约，才能实现可持续高质量发展。

◎如何实现卓有成效的履约管理，本书提供了方法。